서번트 리더십

서번트 리더십

1판 1쇄 2002년 5월 27일
1판 16쇄 2005년 10월 1일
2판 1쇄 2005년 12월 19일
2판 15쇄 2011년 11월 25일
개정증보판 1쇄 2016년 11월 15일
개정증보판 11쇄 2024년 5월 13일

지은이 제임스 C. 헌터
옮긴이 김광수
펴낸이 김성실
인쇄 한영문화사
제책 천일제책

펴낸곳 시대의창   등록 제10-1756호(1999. 5. 11)
주소 03985 서울시 마포구 연희로 19-1
전화 02) 335-6121   팩스 02) 325-5607
전자우편 sidaebooks@hanmail.net
페이스북 @sidaebooks
트위터 @sidaebooks

ISBN 978-89-5940-256-4 (03320)

잘못된 책은 구입하신 곳에서 바꾸어드립니다.

THE SERVANT : A Simple Story About the True Essence of Leadership
Copyright ⓒ 1998, 2012 by James C. Hunter
This translation published by arrangement with Crown Business, an imprint of the Crown Publishing Group, a division of Random House, Inc.
All rights reserved.

Korean translation copyright ⓒ 2013 by Window of Times Publishing
Korean translation rights arranged with The Crown Publishing Group through EYA (Eric Yang Agency).

이 책의 한국어판 저작권은 EYA(Eric Yang Agency)를 통한 The Crown Publishing Group사와의 독점계약으로 한국어 판권을 시대의창이 소유합니다.
저작권법에 따라 한국 내에서 보호를 받는 저작물이므로, 이 책의 일부나 전부를 상업적으로 이용하려면 미리 허락을 받으십시오.

내 안의 위대한 혁명

The Servant Leadership

제임스 C. 헌터 지음 | 김광수 옮김

시대의창

놀라운 설득력으로
나 자신을 변화시킨 책

발행인 서문

　나는 적어도 이 책을 읽기 전까지는 다른 사람들과 숱하게 '부딪히며' 살아왔다. 직원들과 부딪히고 주위 사람들과 부딪히고 끝없이 이어지는 일들과 부딪히며 흘러온 것이다. 그러다보니 나 자신과도 부딪혀야 했다. 나는 이런 사실 자체를 이 책을 읽고나서야 깨닫게 되었고 부딪히면서 빚어진 모든 문제들을 비로소 돌아보게 되었다.
　이 책을 읽는 동안, 내가 잊고 지냈거나 모르고 지냈던 소중한 것들이 내 안에 선명하게 인화되어 살아났다. 그리고 그 새롭게 인화된 조각들이 예리하게 날을 세우고 오래 묵은 내 의식의 껍질을 벗겨냈다. 이런 변화의 물결이 가슴 한복판을 휩쓸고 간 다음 훌쩍 커버린 나 자신을 발견할 수 있었다. 이 책의 주인공 존 데일리가 겪은 변화가 바로 이런 것이었을까?
　나는 적어도 이 책을 과대포장하여 선전하기 위해 발행인 서문을 쓰려는 발칙한(?) 생각은 하지 않았다. 순전히 '놀라운 설득력으로 나 자신을 변화시킨 이 책의 감동'을 전하고 싶은 간절함이 서문을 쓰도록 나를 부추겼다.
　내가 읽은 적잖은 리더십 관련 책 가운데 나를 감동시킨 책은 몇 권 있었지만 나를 이처럼 크게 변화시킨 책은 없었다. 오래 묵은 내

의식의 표피는 그만큼 완고했고 몇 권의 책이 그것을 깨부수기에는 역부족이었다. 그러나 『서번트 리더십』의 마지막 페이지를 덮었을 때는 내 안에 변화의 물결이 소용돌이치고 있었다. 이윽고 리더로서 내가 무엇을 어떻게 해야 하는지, 길이 보이기 시작했다.

소설 형식으로 쓰인 이 책은 시몬 수사의 주관 아래 진행되는 일주일간의 리더십 여행이다. 여정의 길목을 짚어가듯 리더십의 핵심 개념들을 차례대로 하나하나 짚어가는 이 책은 손에 땀을 쥐게 할 만큼 재미있다. 그래서 단숨에 읽힌다. 읽고 나면 또 읽고 싶어지는 그런 책이다.

나는 이제 더이상 다른 사람들은 물론이고 일이나 나 자신과도 '부딪히지' 않게 되기를 소망한다. 이 책을 통해 깨우친 '서번트 리더십'을 실천함으로써, 부딪히는 대신 그들을 포용하고 사랑할 수 있게 되기를 간절히 소망한다. 그리하여 나 자신을 진정으로 사랑할 수 있게 되기를 바라 마지않는다.

나를 변화시킨 '서번트 리더십'의 메시지를 독자 여러분과 더불어 나누고 싶은 간절함으로 여기 감히 서문을 남긴다.

시대의창 발행인

CONTENTS

개정증보판 서문   10

프롤로그   36

Chapter 1 | 첫째날 |
진정한 리더십의 개념

낯선 세계에서의 새로운 아침	52
최고 경영자 '시몬(렌 호프만)'의 전설	56
시몬과 함께한 지 불과 30초도 지나지 않아 나를 둘러싸고 있던 모든 방어막이 일시에 허물어져버렸다	60
경청하는 태도는 리더가 가져야 할 가장 중요한 덕목이다	64
사물은 '관리하는 manage' 것이지만, 사람은 '리드하는 lead' 것이다	68
권력 power은 능력이지만 권위 authority는 기술이다	72
피정에 참여한 사람들은 각기 다른 환경에서 생활한 사람들이지만 모두 리더의 위치에 있었다	79
자기에게 영향을 미친 사람들의 특징이 다른 사람들의 그것과 아주 흡사하다는 것을 깨닫고 우리는 모두 놀라움을 금치 못했다	81
관계를 유지하는 가장 중요한 요소는 '신뢰' 다	85
내가 애초에 훌륭한 상사, 아빠, 남편, 코치가 되기 위해 이 피정에 '참여' 하게 된 책임의식에 대해 생각하였다	92

Chapter 2 | 둘째날 |
낡은 패러다임과 새로운 패러다임

첫 번째 개인 특강 : 새로운 시작에 관하여	94
패러다임이란 삶의 방식을 조율하는 의식의 지도mind map이다	99
낡은 패러다임은 고인 물과 같지만 새로운 패러다임은 흐르는 강물과 같다	103
낡은 패러다임에서는 늘 주객이 전도된다	107
새로운 패러다임의 핵심은 '존중하고 배려하는 것'이다	114
아직도 마음을 열지 못한 '나'	118
해답은 욕망wants의 충족이 아니라 욕구needs의 충족에 있다	120
'인간 욕구'의 마지막 단계는 '자아실현'이다	124

Chapter 3 | 셋째날 |
리더십의 모델

두 번째 개인 특강 : 견제와 조화에 관하여	130
최고경영자 예수의 경영 철학은 바로 '사랑'	136
간디와 마틴 루서 킹의 리더십	143
영향력은 권위에서 나오고 권위는 봉사하는 삶에서 비롯한다	147
봉사와 희생의 리더십	149
사랑이란 '사랑하는 마음을 표현하는 것'이다	152
리더십의 핵심은 욕구를 규명하고 충족시키는 데 있다	155

Chapter 4 | 넷째 날 |
리더십의 실행

비로소 변화하는 '나'	160
세 번째 개인 특강 : 믿음과 선택에 관하여	162
사랑과 리더십	165
사랑의 의미 1 : 인내	174
사랑의 의미 2 : 친절	177
사랑의 의미 3 : 겸손	186
사랑의 의미 4 : 존중	189
사랑의 의미 5 : 이타주의	193
사랑의 의미 6 : 용서	196
사랑의 의미 7 : 정직	199
사랑의 의미 8 : 헌신	202
리더십의 본질 : 사랑	208

Chapter 5 | 다섯째 날 |
성장을 위한 환경

네 번째 개인 특강 : 사랑에 관하여	212
인간의 성장을 돕는 것은 바로 '건강한 환경'	217
상사, 남편, 아버지, 리더로서	225
리더가 할 수 있는 최선은 최상의 환경을 제공하는 것이다	226

Chapter 6 | 여섯째 날 |
선택의 문제

다섯 번째 개인 특강 : 실천 행동에 관하여   238
리더십은 '선택' 과 더불어 시작되고 선택에는 그만큼의 '책임' 이 따른다   244
누구든 자신의 행동을 선택해야 하며 그 선택에 대한 책임을 인정해야 한다   255
인성을 함양하는 4가지 단계   258

Chapter 7 | 마지막 날 |
보답에 관하여

마지막 개인 특강 : '가장 소중한 것' 에 관하여   266
선택과 희생에 따른 보답   270
봉사의 가장 중요한 보답은 '기쁨' 이다   278

에필로그   285

감사의 말   289

개정증보판 서문*

    15년 전 이맘때, 『서번트 리더십』 원고를 탈고한 나는 이 책이 일으킨 엄청난 파급 효과를 눈으로 보면서도 믿을 수 없었다.
    이 단순한 이야기가 350만 부 넘게 팔린 전 세계적 베스트셀러가 될 거라고 누가 그랬다면, 나는 '제정신이세요?'라고 물었을 것이다.
    내가 놀란 이유 중 하나는 서번트 리더십의 원칙들이 기초적이고 상식적이며 누가 봐도 당연한 개념이기 때문이다. 솔직히 말하자면, 내 아이디어도 아니다. 이 원칙들은 수백 년 전부터 전해 내려온 것들이다(내가 쓰고 말하는 것은 모두 훔친 것이다. 고백컨대 나는 도둑이다!). 해 아래 새로운 것은 없다.
    이 책을 쓰게 된 계기는 서번트 리더십의 단순하면서도 심오한 진리를 사람들이 쉽게 이해할 수 있도록 개념을 정리할 독특한 방법이 떠올랐기 때문이다.

※ 이 서문은 노승영이 번역했다 – 편집자주.

이 원칙들이 얼마나 기초적인가 하면, 원고를 여러 출판사에 보내면서 그쪽에서 이렇게 반응하지 않을까 노심초사했을 정도다. '이게 다입니까? 우리가 모르는 얘기는 없습니까?'

놀랄 일은 이것만이 아니다.

『서번트 리더십』을 쓰기 전에 나는 비종교적 분위기의 미시간 남동부에서 재계를 상대로 노동관계 컨설턴트로 일하고 있었다. 이곳은 미국 노동운동의 발상지이자 전 세계에서 노동운동이 가장 격렬하고 성숙한 지역으로 손꼽힌다.

이런 곳에서 살고 일하다 보니, 나약하거나 논쟁적인 주제를 비즈니스 서적에 담기가 꺼림칙했다. 요즘은 신앙, 수도원의 삶, 이타주의, 겸손, 타인의 욕구를 자신의 욕구보다 앞세우는 것, 예수, 심지어 사랑 같은 '정치적으로 올바르지 못한' 주제를 이야기하기가 조심스럽다.

재계를 대상으로 강연하다가 사랑 얘기를 꺼내면 인사 담당자들에게서 당장 이런 반응이 터져나올 터였다. "헌터 씨, 우리 임무는 회사에서 성희롱을 근절하는 것이라고요! 사랑 얘기를 꺼내는 저의가 대체 뭐죠?" 티나 터너의 노래 제목처럼 '사랑이 무슨 상관이람?' 하며 탄식하는 소리가 들리는 듯했다.

이게 무슨 말이냐 하면, 비즈니스 서적을 쓰거나 강연을 하면서 사랑 운운하거나 예수를 조금이라도 언급하면 독자와 청중을 잃게 되리라는 것이다. 나는 독자들이 불편해하거나 기분 나빠하지 않도록 — 그랬다가는 일자리를 잃을 테니까! — 주제를 피상적으로 다루고 그럴듯하게 포장해야 할지 고민하느라 오랜 시간을 보내야 했고 의기소침해졌다.

그러다 결국 이 위험천만한 주제들을 책에 넣기로 마음먹었다. 이유는 간단하다. 서번트 리더십을 말하면서 사랑, 겸손, 이타주의 같은 개념을 빼놓는 것은 지적으로 정직하지 못한 태도이기 때문이다.

왜 그럴까? 예수, 간디, 테레사 수녀, 마틴 루서 킹 목사를 비롯한 역사상 위대한 서번트 리더들이 설파한 것이 바로 이런 개념들이기 때문이다. 미식축구 코치 빈스 롬바르디와 농구 코치 존 우든 같은 스포츠 코칭계의 전설, 잭 웰치와 맥스 드프리 같은 재계의 신화적 인물도 종종 사랑을 이야기했다. 사우스웨스트 항공을 창립하면서 서번트 리더십의 기본 원칙을 토대로 삼은 허브 켈러허는 '사랑이 건설한 항공'이라는 광고 문구를 오랫동안 사용했다. 사우스웨스트 항공의 뉴욕 증권 거래소 종목 기호는 사랑을 뜻하는 'LUV'다.

그래서 나는 이러한 개념들을 종합한 리더십의 정수를 이 책에 담기로 했다. 책 내용이 머릿속에서 말 그대로 흘러나와 6주 만에 집필을 끝냈다. (비교를 위해 언급하자면, 나의 두 번째 책은 6년이 걸렸으며 세 번째 책은 8년이 지나도록 끝맺지 못하고 있다.)

1998년에 책이 출간되었을 때, 나는 『서번트 리더십』이 조금이나마 성공을 거둔다면 주 독자는 종교 단체일 것이라고 생각했다.

이 책을 계기로 강연과 컨설팅 의뢰가 들어온다면 한동안 종교계에 몸담아야 할 것이라고 마음의 준비를 했다.

예상은 보기 좋게 빗나갔다.

내 업무의 98퍼센트는 재계, 군대, 의료계, 교육계, 기타 영리·비영리 기관을 비롯한 비종교적 집단을 상대로 한 강연과 컨설팅이었다. 종교 단체를 상대한 경우는 매우 드물었다.

처음에는 이 사실에 충격을 받았다.

하지만 이제는 이해할 수 있다.

세상은 변하고 있다? 그것도 빠르게

리더십 개념의 변화와 나쁜 리더십에 대한 반발은 비단 미국에서만 일어나는 현상이 아니다. 세계 여러 나라에서 전례 없이 거대한 변화가 일어나고 있다.

빅토르 위고가 이런 명언을 남겼다. "때가 무르익은 사상보다 강한 것은 없다."

수천 년에 걸쳐 전해 내려오던 서번트 리더십 개념이 미국 재계에 도입되기 시작한 것은 1970년대 초다. 처음 25년 동안은 성장이 지지부진했으나, 지난 15년 동안 서번트 리더십 운동은 리더십에 대한 통념을 뒤바꾸고 서번트 리더십에 대한 폭발적 관심을 불러일으켰다. 이를테면 1998년에 아마존 닷컴에서 '서번트 리더십'을 입력하면 불과 8종이 검색되었으며 그마저도 대부분 절판 상태였지만, 지금은 서번트 리더십을 주제로 한 책이 4,600종을 넘으며 그 수가 빠르게 증가하고 있다.

이러한 변화의 또 다른 예는 오늘날 젊은이들이 리더의 위치에 있는 사람들을 대하는 태도에서 찾아볼 수 있다. 젊은이들은 상명하복식의 낡은 리더십 스타일에 고분고분 순종하지 않는다. 1980년 이후에 태어난 '밀레니엄' 세대를 대상으로 여론 조사를 했더니 직장을 자의로 그만둔 사람 중에서 70퍼센트가 조직이 싫어서가 아니라 상사가 싫어서 사표를 냈다고 한다.

과거의 관리 방식은 새로운 세대의 직원들에게 영감을 불어넣지도, 행동에 영향을 미치지도 못한다는 사실을 많은 조직들이 빠르게 깨달아가고 있으며 상당수는 그 과정에서 호된 대가를 치러야 했다. 조직들은 훌륭한 관리자를 양성하는 것으로는 충분치 않으며 위대한 리더를 양성하는 데 초점을 맞추고 노력해야 한다는 사실을 배우고 있다(관리자와 리더의 차이점에 대해서는 뒤에서 설명한다).

리더십 개념의 변화와 나쁜 리더십에 대한 반발은 비단 미국에서만 일어나는 현상이 아니다. 세계 여러 나라에서 전례 없이 거대한 변화가 일어나고 있다. 러시아와 아프리카의 민중 봉기에서, 중동의 '아랍의 봄' 시위에서 보듯, 독재적이고 부패한 리더십에 맞서는 저항이 벌어지고 있다.

전 세계적 서번트 리더십 운동의 훌륭한 사례로는 세계에서 경제 규모와 발전 속도가 가장 빠른 나라로 떠오르는 브라질을 들 수 있다. 브라질은 인구(1억 9,300만 명)와 면적(미국 본토 면적과 비슷하다)이 세계 5위, GDP가 6위다. 엄청난 양의 천연자원이 매장되어 있지만 재정 빈국이며 부패한 정권 때문에 수백 년 동안 경제 발전이 정체되었다. 군부 독재 지하에서 벗어난 것도 비교적 죄근인 1985년이다.

2005년에 브라질에서 『서번트 리더십』이 출간되었는데 지금까지도 베스트셀러 10위 안에 들어 있다(브라질 판 제목은 '수사와 CEO'를 뜻하는 'O Monge E O Executivo'다). 내가 브라질을 처음 방문한 2005년에 — 그 뒤로 지금까지 스무 차례 이상 브라질에서 서번트 리더십을 강의했다 — 『서번트 리더십』은 매달 6만 부씩 팔려 나갔다. (판매량은 당시 2위이던 『다빈치 코드』의 두 배를 넘었다.) 『서번트 리더십』은 지금까지 브라질에서 300만 부가량 팔렸으며, 서번트 리더십의 실천 매뉴얼인 두 번째 책도 50만 부가 팔렸다(한국에서는 '서번트 리더십 2'라는 제목으로 출간되었다).

이만한 부수가 미국에서 팔렸다면 『서번트 리더십』은 지금껏 가장 많이 팔린 비즈니스 서적으로 손꼽힐 것이다. 게다가 브라질은 1인당 국민 소득이 세계 76위로 상대적 빈곤국인 데다 서적 구매율도 높지 않다.

내가 판매 부수를 언급한 것은 자랑하기 위해서가 아니라 세상에서 일어나고 있는 극적인 변화의 증거를 제시하기 위해서다. (솔직히 말하건대 이 책의 성공에 가장 놀란 사람은 나 자신이다. 브라질에서 이만큼 팔리리라고는 생각도 못했다.)

그렇다면 이 책의 매력은 무엇일까?

서번트 리더십은 단순하다

대접받고 싶은 대로 상대방을 대접하라.

강연할 때 청중들에게 늘 하는 말이 있다. "오늘 제가 알려드리는 것 중에 새로운 것은 하나도 없습니다. 리더십에 대해 알아야 할 것은 모두 여러분이 익히 알고 있는 것입니다. 이 모든 가르침은 여러분이 오래전에 배운 한 가지 단순한 규칙으로 귀결됩니다. 그 간단한 규칙이란, 여러분이 대접받고 싶은 대로 상대방을 대접하라는 것입니다. 바로 황금률이죠. 여러분이 바라는 상사, 여러분이 바라는 부모, 여러분이 바라는 이웃이 되십시오. 제가 이 자리에 선 것은 여러분을 가르치기 위해서가 아닙니다. 여러분의 기억을 되살리기 위해서입니다."

리더십이 복잡한 주제이며 책을 많이 읽고 세미나를 들어야 한다고 생각하는 사람도 있을 것이다. 하지만 실제로는 그렇지 않다. 나는 보이스카우트, 걸스카우트, 십대 소년, 교회 학교 학생 등에게 정기적으로 리더십을 가르치는데, 이 아이들은 리더십 원칙을 쉽게 이해한다. 실은, 리더십이 이렇게 단순한지 몰랐다며 흐뭇해한다.

하지만 단순하다고 해서 천박한 것은 아니다.

리더십은 영향력이다

리더십leadership은 관리management와 동의어가 아니다.

나는 지난 33년 동안 수백 곳의 조직, 수천 명의 관리자, 감독관, 임원과 일하면서 사람들이 리더십의 의미를 오해하고 있음을 알게 되었다. 그냥 리더십이 아니라 서번트 리더십에 대한 오해는 더더욱 크다.

우선 내가 쓰는 의미를 정의해보자. 먼저 리더십을 정의하고 그 다음에 서번트를 정의하겠다.

중요한 것은 '리더십leadership'은 '관리management'와 동의어가 아니라는 것이다. 관리는 기획, 예산, 조직, 전략, 전술 등으로 이루어진다. 여러분은 관리자로서는 뛰어나도 리더로서는 형편없을 수 있다. 실제로 나는 실력 있는 관리자인 동시에 끔찍한 리더인 사람을 많이 만났으며 형편없는 관리자이면서 위대한 리더인 사람들도 알고 있다. 문제 해결이나 재무 관리에 뛰어나지만, 목말라 죽기 직전인 두 사람을 우물로 이끌지 못하는 관리자를 많이 만나보았다. 분명히 말하지만, 아무도 여러분을 따르지 않으면 여러분은 리더가 아니다.

윈스턴 처칠이나 로널드 레이건이 훌륭한 관리자였다고 말하는 사람은 아무도 없다. 하지만 제2차 세계 대전의 암흑기에 처칠이 발휘한 리더십과 1970년대 불황기를 타개한 레이건의 리더십에서 보듯 이들은 사람들에게 영감을 주고 영향력을 발휘하여 행동을 이끌어내는 법을 알았다. 둘 중 누구도 대단히 뛰어난 관리자는 아니었지만, 둘 다 사람들에게 영감을 주고 영향력을 발휘하는 법을 알았다. 이것이 리더십의 본질이다.

관리는 여러분이 무엇을 하는가와 연관된 반면에 리더십은 여러분이 어떤 사람인가, 주위 사람들에게 어떤 영향을 미치는가와 연관되어 있다. 관리는 리더십의 동의어가 아니다. 리더십의 동의어는 영향력이다.

『1분 관리자 Tho One Minute Manager』를 쓴 켄 블랜차드는 지난 40년 동안 미국에서 최고의 리더십 전문가로 손꼽혔다. 그는 일생의 리더십 경험을 "리더십은 영향력을 발휘하는 과정이다"라는 말로 요약했다. 리더십 관련 서적을 60권 이상 집필한 존 맥스웰은 "리더십은 더도 아니요, 덜도 아니요, 바로 영향력이다"라고 말했다.

모든 사람은 리더다. 좋든 나쁘든 매일 다른 사람에게 영향을 미치기 때문이다. 따라서 꼭 상사가 되지 않더라도 리더가 될 수 있다. 내가 만난 위대한 서번트 리더 중 상당수는 조직의 상층부에 있지 않았다. 허브 켈러허는 사우스웨스트 항공에서 가장 중요한 리더로 객실 승무원을 꼽았다. 매일 수천 명의 고객에게 영향을 미친다는 이유에서였다. 반면에 켈러허 자신은 고객들과 접촉할 기회가 전혀 없었다.

위대한 조직은 모두가 리더인 집단이다. 팀의 성공을 위해, 고객과 동료에게 영향을 미치기 위해 모두가 개인적 책임을 다하는 곳, 저마다 맡은 책임은 다르지만 모두가 리더인 곳, 모두가 적극적으로 참여하고 온전히 헌신하는 곳, 너 50, 나 50이 아니라 모두가 100의 책임을 다하는 곳이다. (결혼은 50 대 50 아니냐고 말하는 사람은 결혼한 지 오래되지 않은 사람이다.)

위대한 조직에서는 '누가 이곳의 리더입니까?' 라고 묻지 않는다. 이것은 20세기식 구닥다리 질문이다. '당신은 리더입니까?' 가 아니라 '당신은 영향력이 있습니까?' 라고 묻는다.

리더십의 최종 시험대는 '내가 들어올 때보다 나갈 때 상황이 더 좋아졌는가?' 다. 여러분과 몇 해를 보낸 뒤에 부하 직원들이 승진하고 훌륭한 경력을 쌓고 더 나은 삶을 살 것인가? 여러분의 영향력으로 인해 직원들이 배우고 성장했는가? 자녀들은 부모 품을 떠날 준비가 될 것인가? 이들은 영향력을 발휘하는 부모, 이웃, 코치, 배우자, 교사가 될 것인가? 여러분은 아빠로서의 임무를 다했는가? 엄마로서는 어떤가?

리더십은 영향력이다. 다른 사람들에게, 우리가 몸담은 조직에 남기는 흔적이다.

우리는 모두 흔적을 남긴다.

위 질문들의 진짜 의미는 이것이다. 사람들은 여러분이 곁에 있는 것을 기뻐하는가?

서번트란 무엇인가?

서번트는 자신이 이끄는 사람들의 욕구를 파악하고 충족시키는 사람이다.

서번트가 된다는 것은 우리가 보살펴야 하는 사람들의 욕구를 규명하고 충족시키는 것에 불과하다. 욕망이 아니라 욕구를 충족시키고, 노예가 아니라 서번트가 되어야 한다. 사람들에게 필요한 것과 사람들이 원하는 것은 같지 않을 수 있다. 자녀나 직원에게 필요한 것은 그들이 원하는 것과 다소 다를 것이다.

따라서 리더의 위치에 있는 사람은 구성원의 욕구를 목록으로 만들어야 한다. 그러다 막히는 부분이 있으면 스스로의 욕구가 무엇인지 자문하라. 그러면 계속 이어나갈 수 있을 것이다. (황금률을 명심하라.)

욕망과 욕구는 어떻게 구별될까? 욕망은 선택의 결과에 관심이 없는 바람 또는 희망이다. 이를테면 '아빠, 새벽 세 시까지 외출하고 싶어요'라거나 '부장님, 오늘 한 시간만 쉬고 싶습니다'라고 말하는 것이다.

하지만 리더는 언제나 행동의 결과에 관심을 가져야 한다. '얘야, 새벽 세 시에 무슨 일이 생길지 놀라서 걱정된단다'라거나 '자네가 한 시간 쉬면 나머지 직원들이 어떻게 생각할지 우려스럽다네'라고 말해야 한다.

따라서 욕구는 개인의 행복을 위해 요구되는 물질적 또는 심리적 요구 조건이다.

사람들의 진정한 욕구에는 어떤 것이 있을까?

물론 음식과 물, 주거의 욕구 같은 기초적 욕구도 있지만, 그보다 상위 단계의 욕구도 있다. 이를테면 인정과 존경, 가치, 소통, 격려, 경청 등에 대한 욕구가 있으며 건전한 경계를 비롯한 책임, 집안의 규칙, 일관성, 업무 성과에 대한 정직 등의 욕구도 있다. 피드백은 인간의 중요한 욕구다.

그래서 서번트에게는 자신이 이끄는 사람들의 욕구를 파악하고 충족시키는 임무가 맡겨지며, 여기에 리더십의 비밀이 있다.

타인의 욕구를 파악하고 충족시키면 그들에게 영향력을 발휘할 수 있다. 이것이 농부들의 수확의 법칙이다. 즉, 뿌린 만큼 거두는 것이다. 욕구를 파악하고 충족시킴으로써 봉사와 희생의 씨를 뿌리면 영향력이라는 결실을 거두게 된다.

영향력은 리더십의 본질이다.

2001년에 출간된 짐 콜린스의 『좋은 기업을 넘어 위대한 기업으로 Good to Great』는 역대 최다 판매를 기록한 양장본 비즈니스 서적으로 손꼽힌다. 이 책에는 서번트 리더십의 경험적 증거가 기록되어 있다. 콜린스는 탁월성을 성취하고 이를 오랫동안 지속 가능케 한 최고의 조직들을 물색했다. 최고의 조직을 찾아 리더를 연구한 콜린스는 자신의 발견에 깜짝 놀랐다. 이 리더들이 패튼 장군이나 율리우스 카이사르처럼 영웅적이고 카리스마적이고 자기 중심적인 유형일 줄 알았지만, 결과는 예상과 달랐다. 데이터를 부정할 수는 없었다.

모든 위대한 리더에게는 두 가지 특성이 있었다. 첫 번째 특성은 겸손이다. 이는 자신이 아니라 직원에게 초점을 맞추는 것이다. 두 번째 특성은 직원과 조직을 위해 옳은 일을 하려는 단호한 직업적 의지(예전 표현으로는 '인성character')다.

콜린스는 책 앞부분에서 겸손하고 단호하면서도 이타적인 이 리더들을 '서번트 리더'라고 부르는 방안을 논의했으나 이런 용어를 쓰면 사람들이 오해할까봐 그러지 않기로 결정했다고 말한다. 그 대신 쓴 용어가 '단계 5의 리더'다.

내 책의 출간 과정에서도 같은 걸림돌이 있었다. 많은 사람들은 '서번트'가 되라는 말을 들으면 부정적인 이미지를 떠올린다. (이를테면 '겁쟁이가 되고, 조직의 상하 관계를 뒤집고, 교도소를 죄수들 손에 넘겨주라는 말인가? 별꼴 다 보겠네!'라고 생각할지도 모른다.)

나는 위대한 서번트 리더를 사냥개 핏불에 비유한다. 위대한 서번트 리더는 힘껏 안아주고 힘껏 때리는 사람이기 때문이다.

그들은 직원을 인정하고 칭찬하고 가치를 알아주는 일에 누구보다 앞장선다. 하지만 자신의 팀이 성과를 올려야 할 때에는 탁월성을 요구하고 평범함을 용납하지 않는다. 그들은 직무를 성취하는 동시에 미래를 위한 인간관계를 구축하는 비밀을 터득했다.

서번트가 된다는 것의 본질은 당근과 채찍의 절묘한 균형을 찾아내는 것이다. 관리자들은 대부분 한쪽에 치우치기 쉽다.

모두가 동의하는데 뭐가 문제일까?

"이 사람들을 어떻게 변화시키라는 겁니까?"

여기까지 이견 있는 사람이 있나?

나는 30년 넘도록 해마다 75~100차례씩 전 세계 수많은 조직을 대상으로 서번트 리더십 원칙을 강의했다. 그런데 청중 안에서 손을 들고 '서번트 리더십 원칙에 동의하지 못하겠습니다'라고 말하는 사람은 하나도 없었다.

다 옳은 소리이니 말이다.

『서번트 리더십』의 클라이맥스에서 시몬 수사는 참가자들에게 리더십과 인성과 사랑이 동의어라고 말한다. 해마다 전 세계 결혼식장에서 낭송되는 2천 년 전 사랑의 정의('사랑은 오래 참고'로 시작되는 성경 구절)에 따르면 사랑은 행동이다. 시몬 수사는 사랑의 의미가 인내와 친절, 겸손, 존중, 이타주의, 용서, 정직, 헌신임을 차례로 설명한다.

성급하고 불친절하고 오만하고 불손하고 이기적이고 무자비하고 부정직하고 불성실한 리더를 따른다는 것을 상상이나 할 수 있을까? 이런 리더가 여러분에게 영감을 주고 영향력을 발휘할까? 과연 따르고 싶은 마음이 들까?

다시 말하지만, 서번트 리더십의 원칙은 자명하다.

『서번트 리더십』 출간 초기에 기업 임원과 감독관이 편지를 보내왔는데 거기에는 공통된 우려가 담겨 있었다. 이런 식이었다. '헌터 씨, 훌륭한 책을 집필하고 굉장한 원칙을 소개해주셔서 고맙습니다. '굉장한'이라는 말은 누구도 이의를 제기하지 않으리라는 뜻입니다. 어머니, 애플파이, 성조기처럼 말입니다. 하지만 그게 문제입니다. 저희 회사에 비밀경찰 게슈타포처럼 복종만 강요하고 말이 안 통하는 감독관이 열 명 있습니다. 헌터 씨 책을 좋아하더군요. 책 내용에도 동의했습니다. 하지만 여전히 말이 안 통합니다! 이 사람들을 어떻게 변화시키라는 겁니까?'

모두가 내 말에 동의한다면, 왜 모든 리더가 자신이 행동해야 하는 대로 행동하지 않는 것일까?
 그 많은 서번트 리더는 다 어디 있을까?
 여기에 문제의 핵심이 있다.

리더십은 기술이다

*머리로만 아는 것을 습관으로 바꾸는 데는 오랜 시간이 걸리므로
오랜 연습이 필요하다.*

 다년간의 교육 경험에 따르면 서번트 리더십의 원칙에 사람들이 동의하도록 하는 것은 쉬운 일이다. 하지만 사람들을 변화시키고 원칙을 현실에 적용하도록 하는 것은 전혀 다른 문제다. 서번트 리더십의 원칙을 머리에서 가슴으로, 가슴에서 습관으로 전환하기가 힘든 것이다.
 머리로만 아는 것을 습관으로 바꾸는 데는 오랜 시간이 걸린다.
 사람들이 깨닫지 못하는 것은 리더십이 기술, 즉 학습된 또는 습득된 능력이라는 사실이다. 타고나는 것이 아니다. 나는 두 살배기 아기에게서 서번트 리더의 특성을 목격한 적이 한 번도 없다. 두 살짜리가 감사와 인정, 배려를 아낌없이 베풀고 타인의 욕구를 자신의 욕구보다 우선시하는 것을 본 적이 있는가? '내가 이곳에서 어떻게 기여할 수 있을까? 누구에게 도움이 될 수 있을까?' 라고 외치

며 집 주위를 행진하는 두 살짜리를 본 적이 있는가?

　미국의 조직들은 리더십 훈련과 계발에 해마다 수십억 달러를 쏟아붓지만 대부분 시간과 돈만 허비할 뿐이다. 사람들이 세미나에 참석하고 발표를 방청하고 책을 읽으면 저절로 변화되리라는 착각 속에 리더십 강좌를 진행한 나도 그 책임에서 자유롭지 못하다.

　훌륭한 리더가 된다는 것은 훌륭한 음악가나 운동선수가 되는 것과 비슷하다. 헤엄치는 법을 책에서 배운 사람이 있는가? 피아노의 역사를 공부하여 훌륭한 피아니스트가 된 사람이 있는가? 타이거 우즈 DVD를 보고서 뛰어난 골퍼가 된 사람이 있는가? 여느 기술과 마찬가지로 리더십에서도 기술을 계발하고 진정한 변화를 이끌어내려면 정기적인 연습이 필요하다.

　나는 리더십에 대해 모든 것을 알지만 정작 리더십을 모르는 사람을 많이 만나보았다. 이것은 일요일 내내 텔레비전으로 미식축구 경기를 시청하면서 고함을 지르고 선수와 코치를 비평하는 안락의자 쿼터백과 다를 바 없다. 이 사람들은 자신이 미식축구에 대해서 모든 것을 안다고 생각하지만 경기장에 발을 디뎌본 적은 한 번도 없다. 미식축구에 대해서는 알지만 정작 미식축구는 알지 못하는 것이다.

　리더십 세미나에 참석하거나 책을 읽은 뒤에 실제로 꾸준히 변화하는 사람은 극소수에 불과하다. 무언가에 대해 아는 것과 무언가를 아는 것은 천양지차다. 책을 읽고 세미나에 참석하면, 리더십에 대해서는 배울 수 있지만 리더십을 아는 것은 불가능하다.
 위대한 리더의 특성인 겸손, 존중, 자기 통제력, 정직, 헌신, 결단력, 감사, 의사소통 기술 등을 생각해보라. 책을 읽고 세미나에 참석하고 DVD를 시청하여 이런 인성을 계발할 수 있다고 생각하는 사람이 있을까?

리더십 계발은 곧 인성 계발이다

인성은 희생을 치르는 한이 있더라도 옳은 일을 할 만큼의 도덕적 성숙을 일컫는다. 리더십은 인성을 행동으로 표현하는 것이다.

리더십은 스타일이나 개성의 문제가 아니다.
 이 말이 미심쩍다면 농구 코치 존 우든과 보비 나이트, 패튼 장군과 아이젠하워 장군, 마틴 루서 킹 목사와 빌리 그레이엄 목사, 잭 웰치와 메리 케이, 에이브러햄 링컨과 로널드 레이건 등 스타일이 판이하게 다른 위대한 지도자들을 비교해보라. 스타일은 전혀 달랐지만 모두가 훌륭한 리더였다.
 심리학자인 아내 말로는 우리의 개성이 여섯 살 때 거의 고정되며, 마이어스-브릭스나 DiSC 테스트를 통해 한 시간 안에 유형을 쉽사리 판정할 수 있다고 한다. 지능지수는 열다섯 살에 확립된다. 하지만 인성은 그렇지 않다. 인성에 '성숙'이라는 말을 쓰는 것은 이 때문이다.
리더십은 스타일(개성)과 무관하며, 본질(인성)에 대한 문제다.
미 육군의 전설인 노먼 뉴워츠코프 장군은 "리더십 실패의 99퍼센트는 인성의 실패다"라고 단언한다. 미국에서 손꼽히는 리더십 전문가인 서던캘리포니아 대학의 워런 베니스는 "리더십은 인성을 행동으로 표현한 것이다"라고 잘라 말한다.
리더십과 인성이 하나라는 사실을 이해하는 데는 오랜 세월이 걸렸다.

인성이란 무엇일까? 아무도 보고 있지 않는 어둠 속의 내 모습이 바로 인성이다. 인성은 옳은 일을 하는 것이며, 하고 싶은 것과 해야 하는 것을 놓고 가슴과 마음에서 벌어지는 투쟁에서 승리하는 것이다.
인성은 희생을 치르는 한이 있더라도 옳은 일을 할 만큼의 도덕적 성숙을 일컫는다. 희생을 조건으로 내건 이유는, 그러지 않으면 이것이 인성에서 비롯한 행동임을 확신할 수 없기 때문이다.
그런데 리더십은 자신이 이끄는 사람들에게 옳은 일을 하는 것 아닐까? 자기 통제력을 발휘하고 친절하고 겸손하고 타인을 인정하고 경청하고 존중하고 타인의 욕구를 충족시키고(이타주의) 용서하고 정직하고 헌신하는 것은 옳은 일이다. 인성은 옳은 일을 하는 것이다. 리더십은 옳은 일을 하는 것이다. 따라서 리더십은 인성을 행동으로 표현하는 것에 불과하다.

리더십 기술을 향상시키고 싶다면 인성의 기술을 향상시켜야 한다. 이것이 문제다. 새로운 인성 습관을 계발하고 낡은 습관을 버리려면 시간과 노력을 많이 들여야 한다. 행동 양식을 바꿔야 한다. 그러려면 스스로 변화해야 한다.

지름길은 없다.

인성 계발

"오늘 여러분은 성장하고 변화할 준비가 되었는가?" 변화는 힘들다. 그러나 가능하다. 수많은 위대한 리더들이 네 단계를 거쳐 변화를 이루었다.

나는 청중에게 곧잘 "꾸준한 향상이 가능하다고 믿는 분이 얼마나 되십니까?"라고 질문한다. 예상대로 거의 모두가 손을 든다. 이번에는 "변화하지 않고서 향상할 수 있을까요?"라고 묻는다. '자신이 늘 하던 대로 행동하면서 훌륭한 결과를 기대하는 것'은 과대망상의 일반적인 정의라고 말하면 청중은 자신이 예외라는 듯 고개를 절래절래 내두른다.

내가 계속해서 이렇게 말한다. "그렇다면 오늘 여러분은 성장하고 변화할 준비가 되었다는 말씀이신가요?" 대부분이 고개를 끄덕거리며 힘차게 '거짓말'을 한다.

변화는 힘들다. 기저귀가 축축하게 젖은 아기 말고 진정으로 변화를 바라는 사람이 어디 있겠는가? 변화는 쉽지 않지만, 그럼에도 가능하며 수많은 위대한 서번트 리더들이 변화를 이루고 있다.

요즘 내가 하는 일의 3분의 2가량은 이른바 '설교'인데, 말하자면 서번트 리더십의 원칙을 청중에게 해설하는 것이다. 나머지 3분의 1은 조직과 개인이 이 원칙을 현실에 적용하도록 도와주는 것이다. 여기서 핵심은 사람들이 그러는 척만 하는 한이 있더라도 새로운 행동을 실천하도록 하는 것이다.

좋든 나쁘든 모든 습관은 4가지 단계를 거쳐 습득되며, 인성과 리더십 기술을 계발하는 것도 마찬가지다.

다시 말하지만, 이 모든 과정의 핵심은 사람들이 새로운 행동을 실천하고 습관 계발의 4가지 단계를 거치도록 하는 것이다.

> **제1단계. 무의식 & 비숙련** 습관을 인식하지 못하기에 숙련되지 않은 상태.
> **제2단계. 의식 & 비숙련** 습관을 인식하지만 능숙하지는 않은 상태. 어색하지만 이 단계를 거쳐야만 다음으로 나아갈 수 있다.
> **제3단계. 의식 & 숙련** 습관을 인식하며 기술이 향상되기 시작하는 상태.
> **제4단계. 무의식 & 숙련** 기술이 일상화된 상태. 이미 훌륭한 리더이기 때문에, 훌륭한 리더가 되기 위해 노력할 필요가 없다.

인성 · 리더십 계발 기술의 3단계(3F)

토대Foundation – 피드백Feedback – 의견충돌Friction

그렇다면 서번트 리더가 되려면 어떤 단계를 거쳐야 할까?

개인이나 조직과 함께 일하면서 서번트 리더십의 기술을 실천하도록 지원할 때, 나는 3F – 토대Foundation, 피드백Feedback, 의견충돌Friction – 라는 3단계 과정을 적용한다.

토대_ 위대한 리더십의 기준을 정하는 것. 무엇을 바꾸고 싶고 어떤 사람이 되고 싶은가? 어떤 원칙에 헌신하기로 결심했는가? 진정으로 믿는 것은 무엇인가?

이 목표를 위해서는 서번트 리더십의 원칙을 훈련하는 것이 필수적인데, 이 단계는 네 시간 안에 끝낼 수 있으며 책이나 CD, DVD 등을 이용할 수도 있다.

하지만 이 단계는 원칙에 동의하는 것에 지나지 않으므로 상대적으로 수월하다. 훈련(기억을 떠올리기)은 첫 번째 단계에 불과하다.

피드백_ 지금 처한 상황과 훌륭한 리더가 되는 데 필요한 조건 사이의 격차를 파악하는 것. 격차를 명확히 파악하는 데는 여러 방법(이른바 기회 영역)이 있다. 가장 확실한 방법은 자신을 따르는 사람에게 묻는 것이다. 뛰어난 360도 피드백 도구를 사용하면 격차를 분명히 파악하는 데 도움이 된다. (나의 두 번째 책 『서번트 리더십 2』에는 자기 평가를 수행하고 동료와 부하 직원, 상관, 삶의 핵심 인물로부터 피드백을 받기 위한 '훌륭한 리더십 기술' 도구가 들어 있다.)

 자신의 격차를 분명히 이해하고 있다고 지레짐작해서는 안 된다. 경험에 따르면, 자신의 격차를 제대로 아는 사람은 3분의 1에 지나지 않는다. 3분의 1은 대충 알되 맹점이 있으며 나머지 3분의 1은 격차에 대해 감도 잡지 못한다. (격차를 확실히 모른다고 해서 나쁜 사람인 것은 아니다. 행동 패턴이 오랫동안 습관으로 굳어졌을 뿐이다.)

 여기에서 핵심은 변화시킬 필요 없는 것을 변화시키지 않도록 적절한 데이터를 수집하는 것이다. 가려운 곳을 긁어야 한다.

의견충돌_ 지금 처한 상황과 도달해야 하는 상황 사이의 격차를 없애는 것. 우리는 세미나를 진행할 때 일단 참가자들에게서 격차를 파악한 뒤에 격차와 관련하여 최소한 두 가지 구체적이고도 측정 가능한 목표를 자세히 쓰도록 한다.

 그다음이 핵심이다. 우리는 참가자들에게 서로 결과를 이야기하도록 한다(자신의 모습을 적나라하게 보여준다는 뜻에서 이 세션을 '기모노 풀어헤치기open the kimono'라고 부른다). 사람들이 변화를 진지하게 받아들이고 서번트 리더십 기술을 향상시키려면 이러한 의견충돌이 꼭 필요하다.

 360도 피드백은 새로운 방법이 아니며, 미국 기업의 3분의 2가량이 이미 활용하고 있다. 문제는 사람들이 새로운 방식으로 행동하고 꾸준히 변화하는 것에 초점을 맞추고 훈련받도록 할 만큼의 의견충돌(또는 '건전한 긴장')을 일으키는 조직이 거의 없다는 것이다. 이 차원에서 서로의 생각을 나누면 인간관계가 더 깊어지기 때문에, 360도 피드백은 공동체 의식을 다지는 데도 효과적이다.

미식축구팀 그린베이패커스의 위대한 코치 고故 빈스 롬바르디는 선수들에게 곧잘 이렇게 말했다. "이봐, 우리는 끊임없이 완벽을 추구할 거야. 완벽에 도달할 수 없다는 건 잘 알아. 완벽한 것은 아무것도 없으니까. 하지만 끊임없이 완벽을 추구하다 보면 그 과정에서 탁월함에 도달할 수 있다고."

누구도 완벽한 서번트 리더가 될 수는 없다. (자신이 완벽한 서번트 리더라고 생각하는 사람은 겸손의 덕목을 되새기기 바란다!) 관리자이든 부모이든 배우자이든 코치이든 교사이든 리더를 꿈꾸는 사람은 완벽이 아니라 꾸준한 향상을 목표로 삼아야 한다. '내가 바라는 상태에 이르지는 못했지만 전보다는 나아졌어'라고 계속 말할 수 있어야 한다.

꾸준히 변화하고 계속 발전해야 한다. 시간이 흐르면 결국 지금과 전혀 다른 차원에 도달할 것이다.

변화를 바라거든 스스로 변화하라

자신이 작년과 똑같다는 생각은 착각이다.
세상이 급속도로 바뀌고 있으므로 그만큼 뒤처진 셈이다.

요약하자면, 『서번트 리더십』이 성공한 이유는 오늘날 전 세계 수많은 사람들이 깊은 갈증(욕구)을 느끼고 있기 때문일 것이다. 이러한 인간 욕구는 더 나은 리더가 자신을 이끌어주었으면 하는 욕망이 아니라 집과 회사에서 스스로 더 나은 리더가 되려는 욕망이다.

희소식은 서번트 리더십이 수백 년 만에 드디어 때가 무르익었다는 것이다. 희소식은 서번트 리더십의 원칙이 보편적으로 받아들여지고 (적어도 지적으로는) 동의를 얻고 있으며 사실상 자명하다는 것이다. 희소식은 사람들이 변화하고 이 원칙을 자신의 삶에 접목하도록 하는 기술이 우리 손에 있다는 것이다.

나쁜 소식은 훌륭한 리더가 된다는 것이 헌신, 훈련, 변화의 의지를 요하는 기술이라는 것이다. 마법의 가루 따위는 없다.

하지만 사람들은 변화할 수 있으며 실제로도 변화한다. 인간이 진정으로 위대한 점은 다른 선택을 하고 진정한 변화를 이룰 수 있다는 것이다.

극적으로 변화하라.

나는 지난 20년간 2,200명 넘는 사람들이 서번트 리더십 기술을 계발하도록 도왔으며, 많은 사람들이 삶에서 중대하고도 지속적인 변화를 이룰 수 있었다.

사람들이 변화하는 모습을 지켜보는 것은 아름답고 감동적이다.

개인적 경험을 이야기하자면, 나 자신도 삶에서 중대한 개인적 변화를 이루었으며 지금도 계속 변화하고 있다. 오랫동안 서번트 리더십에 대해 가르치고 책을 썼지만 아직 서번트 리더로서의 목표에 도달하지는 못했나. (대학 1학년 때부터 나를 보아온 아내는 이 말에 동의할 것이다!)

내가 도달해야 하는 상태에 도달하지는 못했지만, 전보다는 나아졌다. (아내가 이 말에도 동의하리라 확신한다!)

부디 이 책에 담긴 내용이 여러분에게 영감을 주고 영향을 미쳐 행동을 변화시키기 바란다. 꾸준한 변화와 성장을 선택하기 바란다. 고인 물은 썩는다. 무엇도 같은 상태에 머물지 못한다. 자신이 작년과 똑같다는 생각은 착각이다. 세상이 급속도로 바뀌고 있으므로 그만큼 뒤처진 셈이다.

간디가 말했다. "변화를 바라거든 스스로 변화하라."

서번트 리더십을 향한 여러분의 여정에 축복을 보낸다.

제임스 C. 헌터

프롤로그

> 내가 옹호하는 사상은 결코 나만의 것이 아니다.
> 그 사상은 소크라테스로부터 빌린 것이고,
> 체스트필더의 것을 도용한 것이며, 예수에게서 훔쳐온 것이다.
> 이러한 사상을 거부한다면, 당신은 누구의 사상을 따를 것인가?
> — 데일 카네기

결국 그곳으로 가리라 결심했다. 아무도 비난할 사람은 없었다. 지금에 와서 돌이켜보면 그런 결정을 내렸다는 사실이 믿기 어려울 따름이다. 내가, 그것도 거대한 제조업체의 생산 책임자로서 눈 코 뜰 새 없이 바쁜 시간을 보내던 내가, 업무를 제쳐두고 북부 미시간 주의 한 수도원에서 일주일 간이나 시간을 보내다니…….

그랬다. 수도원 — 수도사들만의 공간으로, 하루 다섯 번의 기도의식과 성가·성찬과 더불어 2.2평 남짓한 방에서 함께 생활해야 하는 곳…… 나는 생각에 생각을 거듭한 끝에 결국 그 곳으로 가리라 결심했다.

시몬의 우연

"시몬을 찾아 가르침을 얻어야 한다"

'시몬' — 출생과 더불어 나를 괴롭혀온 이름.

나는 갓난아기 때 시골의 한 성당에서 세례洗禮를 받았다. 세례 기록문에 따르면, 당시 의식에 사용된 성경 구절은 「누가복음」 두 번째 장章에 나오는 시몬이란 한 남자의 이야기로부터 시작하고 있었다. 시몬은 '성령으로 가득한, 고결하고 헌신적인 사나이'였다. 모르긴 해도 그는 구세주의 재림에 대한 영감을 지녔을 것이다. 그것이 나와 시몬과의 첫 만남이었고, 그때부터 우리의 인연이 시작되었다.

8학년이 끝날 무렵 나는 성당에서 견진성사堅振聖事를 받았다. 신부님은 저마다의 견진성사 대상자를 위해 성경 구절을 선정하였고, 마침내 내 앞에 와서는 「누가복음」의 시몬이 등장하는 구절을 큰소리로 낭독하는 것이었다. '기묘한 우연' — 그때 얼핏 이런 생각이 스쳤다.

그로부터 25년 동안 나는 무시무시한 꿈을 반복해서 꾸었다. 꿈 속에서 나는, 한밤중에 길을 잃고 무덤가를 헤매고 있었다. 보이지는 않았지만 뭔가 나를 뒤쫓고 있는 것을 느낄 수 있었고, 직감으로 그 존재가 나를 해치려는 악마라고 생각했다. 갑자기 거대한 십자가 뒤에서 두건이 달린 검고 헐렁한 옷을 입은 남자가 내 앞으로 다가왔다. 나는 그를 보고 비명을 질렀지만, 그는 내 어깨를 붙잡고 두 눈을 들여다보며 이렇게 소리쳤다. "시몬을 찾아라, 시몬을 찾아 가르침을 얻어야 한다!" 그리고 언제나 이쯤에서 식은땀을 흘리며 깨어나곤 했다.

내 결혼식이 있던 날, 신부님은 짧은 설교 와중에도 시몬이라는 성경의 인물을 또다시 언급하였다. 결혼 서약을 하면서도 나는 어리둥절한 느낌을 지울 수 없었다.

지금까지 겪었던 '시몬의 우연'에 대해 나는 한 번도 큰 의미를 두거나 중요하게 생각지 않았다. 그러나 아내 레이첼의 생각은 달랐다. 아내는 그러한 일련의 사건들에는 무언가 의미가 있다고 확신하는 듯했다.

내 삶은 겉으로는 성공적이었지만 사실은 모든 것이 망가지고 있었다

"아내는 결혼생활에 불만이 많았고, 자식들은 엇나가고 있었으며, 회사는 노사 대립에 휩싸여 하루도 마음 편할 날이 없었다."

1990년대 후반까지, 겉으로의 내 인생은 마치 세상을 한 손에 주무르는 듯했다. 당시 나는 연매출이 1억 달러를 넘나드는 세계적 규모의 평면유리 제조업체에서, 500명 이상의 직원들이 일하는 생산시설의 책임자로 근무하였다. 나는 그 회사에서 사상 최연소로 생산 책임자에 발탁되었고 지금도 그 사실을 뿌듯하게 여기고 있다. 당시 그 회사의 고용주는 대단히 분권화分權化된 방식으로 조직을 운영하고 있었고, 덕분에 나는 폭넓은 권한을 행사할 수 있었다. 그리고 상당한 급여가 보장되었을 뿐만 아니라 공장에서 특별한 목표를 달성하거나 그에 상응하는 실적을 거뒀을 때는 두둑한 보너스도 기대할 수 있었다.

결혼 당시 18세였던 아내 레이첼과 나는, 인디애나 주 북서부에 위치한 발파레이소 대학에서 처음 만났다. 그곳에서 나는 경영학을, 아내는 심리학을 공부했다. 우리는 간절히 아이를 원했지만 임신이 여의치 않아 수년간 고민하기도 했다. 그래서 주사와 각종 테스트, 침술 등 온갖 불임치료법을 동원했지만 번번이 허사로 끝났다. 레이첼은 불임 때문에 힘들어하면서도 아이를 가지리란 희망을 버리지 않았다. 그리고 이따금씩은 아이를 바라는 아내의 조용한 기도소리가 어둠을 뚫고 들려오기도 했다.

힘들었지만 아름다웠던 둘만의 노력이 결실을 맺지 못하자 우리는 갓난아이를 입양하였고, 내 이름을 따서 존 2세라고 이름지었다. 그 아이는 우리에게 기적과도 같은 존재였다. 2년 뒤 레이첼은 뜻밖의 임신을 하였고, 두 번째 기적의 아이(사라)가 건강하게 태어났다.

존 2세는 현재 열네 살로 9학년, 사라는 7학년에 재학중이다. 존을 입양한 이후부터 아내는 불임치료를 일주일에 하루로 줄였고,

가급적이면 전업주부가 되는 것이 바람직하리라고 서로 생각했다. 치료를 받아야 하는 그 하루는 아내에게 '엄마의 일상'으로부터 짧은 휴식의 역할을 하였고, 아내의 전문성을 고양시킬 수 있는 시간이 되었다. 그리고 살림살이가 그럭저럭 풍족하여 돈 때문에 고민하지 않아도 되었던 점 또한 다행이었다.

우리는 디트로이트 남쪽 50킬로미터 부근의 이리 호湖 북쪽 호숫가에 제방을 따라 지어진 근사한 집을 소유하고 있었다. 집 뒤편에 있는 보트 승강대에는 9미터 길이의 레저용 보트가 제트스키와 나란히 놓여있었고, 차고에는 임대한 신형 자동차 두 대가 주차되어 있었다. 그리고 일 년에 적어도 두 번은 가족이 함께 휴가를 즐겼으며, 자녀 교육과 퇴직에 대비하여 상당한 금액을 은행에 예치해둔 상태였다.

앞서 말한 대로, 겉으로는 내가 세상을 주무르는 듯이 보였다.

하지만 실제는 겉보기와는 다른 법이다. 문제는 아내가 힘들어하고 있다는 점이었다. 한 달 전, 아내는 한동안 결혼생활이 만족스럽지 못했다고 하면서 무언가 바뀌어야 한다고 말했다. 그리고 자신의 '욕구'도 충족되지 못했다고 했다. 나는 두 귀를 의심했다! 아내가 바라는 것은 뭐든지 갖다 바쳤다고 생각했는데, 아내가 욕구를 충족시키지 못하고 있었다니! 도대체 아내는 무엇을 더 바란단 말인가?

아이들에게도 문제는 있었다. 존 2세의 입이 점점 거칠어져 3주 전에는 엄마에게 욕설을 퍼붓기도 했다. 화가 난 내가 손찌검을 할

뻔했지만 이후 일주일간 외출금지로 일단락을 지었다. 존은 어른들의 권위나 훈계에 대해서는 콧방귀를 뀌었고 왼쪽 귀에 구멍까지 뚫었다. 레이첼이 만류하지 않았다면 아마도 존의 엉덩이를 걷어차 집밖으로 내쫓았을 것이다. 그만큼 존과 나의 관계는 악화되고 있었다.

딸 사라와의 관계도 순탄치 않았다. 우리는 언제나 특별한 유대관계를 가졌고, 나는 아직도 그 아이를 막연히 소녀라고만 여기고 있었다. 그러나 사라는 조금씩 나와 거리를 두는 것 같았고 특별한 이유 없이 짜증을 내곤 했다. 아내는 딸에 대한 감정을 솔직하게 아이에게 이야기하라고 충고했다. 그러나 나는 '적당한 기회'에 그러겠노라고 둘러대며 차일피일 미루기만 했다. 사실은 그런 말을 할 용기가 없었다.

성공으로 향한다고 생각했던 내 인생의 나머지 한 부분도 역시 잘못된 방향으로 치닫고 있었다. 공장의 시간제 노동자들이 최근 자신들의 입장을 대변하기 위해 조합을 결성할 움직임을 보이고 있었다. 그동안 노사勞使 대립이 극에 달했지만, 다행히도 투표에서 50표 차로 회사측이 이겼다는 사실이다. 나는 의기양양했지만 내 상사는 그런 투표가 있었다는 것 자체에 격앙되었고, 관리상의 문제가 발생했으니 내 책임이라고 주장했다. 나는 그 주장에 동의할 수 없었다. 문제는 내가 아니라 거저 먹으려 드는 조합 결성 주동자들에게 있지 않은가! 회사의 인사부장 또한 내 리더십에 문제가 있다고 했다. 그 말에 나는 분개했다. 자유분방하고 예민한 성격에, 대의명분大義名分에만 집착하는 여자 따위가 거대기업의 운영에 대해 뭘 안다고 떠드는지! 그녀는 온갖 이론들을 둘러댔지만, 내가 관심을 두는 것은 오직 결과뿐이었다.

심지어는 지난 6년간 코치로 자원봉사를 해온 어린이 야구팀에도 문제가 발생했다. 우리는 그동안 많은 승리를 거두었고, 따라서 리그에서는 대체로 우수한 성적을 거두곤 했다. 그런데 일부 부모들이, 자기 자녀들은 재미를 느끼지 못한다는 단순한 이유로 리그 운영자에게 항의를 하였다. 물론 나는 강하고 경쟁력 있는 팀을 만들 수도 있었다. 하지만 그래서 뭘 어쩌겠다는 것인가? 어떤 부모는 자기 자식들을 다른 팀으로 옮겨달라고 요청하기도 하였다. 이런 일련의 상황은 나를 더욱 힘들게 하였다.

문제는 또 있었다. 나는 늘 낙천적이고 걱정이 없어 보이는 사람이었지만, 그 당시에는 매사에 시무룩한 자신을 발견하게 되었다. 사회적 지위와 물질적 여유에도 불구하고 나 자신은 혼란과 갈등 속에서 허우적대고 있었던 것이다. 삶 자체가 의미 없는 움직임에 지나지 않았다. 우울하고 의기소침한 나로부터 벗어날 수 없었다. 아무리 사소한 문제나 조그만 불편함도 내게는 커다란 짐으로 작용하였다. 마치 모든 것이 나를 괴롭히는 것 같았다. 그리고 내 스스로에게조차 화가 났다.

'나'를 찾아 떠나는 여정

"도대체 뭐가 운명적이라는 거지?"

나는 스스로를 대단한 존재로 착각하고 있었으므로 이 모든 문제를 그 누구와도 상의하려 하시 않았고, 모든 사람들을 어리석은 존재로 여겼다. 그러나 단 한 사람, 유일한 예외가 레이첼이었다.

고민 끝에 레이첼은, 우리가 다니는 성당의 신부님과 문제를 상의하면 어떻겠냐고 했다. 일주일 뒤 나는 아내의 의견을 따랐다. 하지만 내가 신부님을 만나기로 한 것은 단지 레이첼의 걱정을 덜어주기 위해서였다. 나는 종교와는 거리가 먼 사람이었다. 나는 늘 종교가 사람들의 인생에 깊이 관여해서는 안 된다는 생각을 가지고 있었다.

신부님은 당분간 혼자 여행을 하면서 문제를 정리해보는 것이 어떻겠냐고 했다. 그리고 '십자가의 요한'이라는 이름을 가진 어느 생소한 수도원으로의 피정避靜을 제의했다. 미시간 호에 있는 수도원은 미시간 남부 반도 북서부에 위치한 리랜드란 마을에서 가까웠다. 그리고 30명에서 40명 가량의 성 베네딕트 교단 수도사들이 생활하고 있으며, 6세기경 '조화로운' 수도원 생활 규정을 정립한 한 수도사의 이름을 딴 곳이라고 했다. 아울러 14세기가 지난 지금도 그곳의 수도사들은 기도와 공부, 침묵으로 일관한 생활을 하고 있다고 신부님이 내게 일러주었다.

하지만 신부님의 제안이 그다지 현명한 방법으로 생각되지는 않았고, 받아들이고픈 생각도 없었다. 그런데 성당을 떠날 무렵 신부님은 새로운 소식을 전해주었다. 그곳에 있는 수도사 가운데 한 사람은 레오나르드 호프만이란 인물로, 과거『포춘』지가 선정한 500대 기업인 중 한 명이라는 것이었다. 그 한마디에 내 귀가 번쩍 뜨였다. 평소 나는 렌 호프만의 전설적 업적에 대해 큰 관심을 가지고 있었기 때문이다.

집에 돌아와 성당에서 있었던 일을 말하자 아내는 반색을 하였다. "마침 나도 그런 생각을 하던 중이었어요, 존!" 아내가 말했다. "지난 주 오프라 쇼에서도 그런 내용이 방영되었어요. 일부 기업인들이 바쁜 일상을 정리하기 위해 종교적 피정에 참여한다고들 하더군요. 아마도 당신에게는 운명적인 것 같아요."

레이첼은 그 말을 자주 했다. 그리고 그 소리에 나는 짜증을 내곤 했다. "'운명적'이라고? 도대체 뭐가 운명적이라는 거지?"

마지못해 나는 10월 첫째 주에 '요한의 십자가'라는 이름의 수도원으로 떠나기로 했다. 가장 큰 이유는, 내가 뭐라도 하지 않으면 레이첼이 이혼하자고 할까봐 두려웠기 때문이었다. 레이첼은 수도원까지 여섯 시간이나 차를 몰았고, 나는 내내 침묵을 지켰다. 적막한 수도원에서 일주일을 보내야 한다는 사실이 나를 슬프게 했고, 오로지 아내를 위해 큰 고통과 희생을 감수해야 한다는 생각에 입술을 삐쭉 내밀고 있었다. 불만스러울 때 입술을 내미는 것은 어릴 때부터의 버릇이었다.

수도원 입구에 도착했을 때는 이미 땅거미가 지고 있었다. 우리는 두 줄로 난 바퀴자국을 따라 언덕을 올라가서는 다시 8백여 미터를 달려 호수가로 향했다. 그리고 입구에 있는 하얀 기둥에 '등록Registration'이라는 표지가 못질되어 있는 오래된 목조 건물 옆의 조그만 모래밭 주차장에 차를 주차했다.

주변에는 몇 개의 작은 건물들이 여기저기 자리 잡고 있었고 바로 옆에는 수백 피트의 절벽이 미시간 호를 향하고 있었다. 그 광경은 무칙이나 아름다웠지만 레이첼에게는 전혀 내색하지 않았다. 그리고 마침내 고난의 시간이 코앞에 닥쳐왔음을 느꼈다.

"애들하고 집 잘 부탁해, 여보." 트렁크에서 가방을 꺼내던 내가 되도록 냉정한 목소리로 말했다. "수요일 밤에 전화할게. 누가 알아? 어쩌면 내가 당신이 그토록 원하는 완벽한 사람이 되어 있을지! 그래서 어쩌면 모든 것을 포기하고 수도자가 되려 할지 말야!"

"당신도 참!" 아내가 포옹과 키스를 건네며 웃었다. 그리고 다시 차를 타고는 황혼에 물든 길을 따라 사라졌다.

나는 어깨에 가방을 둘러메고 '등록'이라 적힌 건물로 향했다. 건물 내부에는 얼마 안 되는 가구들이 놓여 있었고 깨끗한 프런트 데스크에서는 중년의 남자가 전화를 받고 있었다. 그는 턱에서 발끝까지 이르는 길고 까만 사제복을 입고 있었고, 까만 끈이 허리를 조이고 있었다.

전화기를 내려놓은 그가 나를 보고는 따뜻하게 악수를 건넸다. "저는 피터 신부라고 합니다. 이곳에 처음 오신 분들을 안내하고 있지요. 남부에서 오신 존 데일리 씨 맞죠?"

"대단하시군요, 피터 씨. 내가 누군지는 어떻게 아셨죠?" 나는 대답하면서도 '신부'라는 호칭을 사용하지는 않았다.

"당신이 다니는 성당의 신부님이 보내주신 신청서를 보고 그저 추측했을 뿐입니다." 그가 따뜻한 미소를 띠며 대답했다.

"여기 책임자는 누구죠?" 나는 사무적인 말투로 물었다.

"제임스 사제께서 지난 22년간 이곳 수도원장으로 봉직하고 계십니다."

"수도원장이요? 그 사람은 무슨 일을 하는데요?"

"수도원장이란 우리가 선출한 리더를 말합니다. 그리고 이곳의 모든 문제에 대한 결정권을 가지고 계시지요. 당신도 아마 그분을 만나게 될 겁니다."

"피터 씨, 괜찮다면 이번 한 주 동안 독방을 썼으면 하는데요. 그동안 해야 할 일도 있고 가급적이면 사생활을 지켜주셨으면 좋겠습니다."

"불행히도, 존, 손님들을 위한 방은 2층의 세 개뿐입니다. 이번 주 손님은 남자가 세 명, 여자가 세 명인데, 여자 세 명은 가장 큰방인 1호실을 쓰게 됩니다. 그리고 육군에서 근무하는 군인이 2호실을 쓰게 되고, 당신은 위스콘신 주 피워키에서 온 침례교 목사 리부르 씨와 함께 3호실을 쓰게 될 것입니다. 그분은 이미 몇 시간 전에 도착해서 방에 투숙했습니다. 물어보실 게 더 있습니까?"

"이번 주에는 어떤 신나는 행사들이 준비되어 있는지요?" 나는 다소 빈정대듯 물어보았다.

"매일 다섯 번의 미사와 기도가 있고, 내일부터 토요일까지 매일 아침 강의가 있습니다. 강의는 오전 9시에서 11시까지, 그리고 오후 2시부터 4시까지 진행됩니다. 자유시간에는 산책을 하시든, 독서나 공부, 대화, 휴식 또는 원하는 무슨 일을 하셔도 관계없습니다. 다만 수도자들이 생활하는 제한구역에는 출입을 삼가야 합니다. 또 다른 질문이 있는지요, 존?"

"그런데 왜 어떤 사람은 '수사'라 부르고, 또 어떤 사람은 '신부'라 부릅니까?"

"'신부'라 불리는 이들은 서품을 받은 성직자들이며, 반면에 '수사'는 제각기 다른 인생을 걸어온 수도자들이지요. 우리 모두는 함께 노력하고 생활하기로 맹세한 사람들입니다. 이곳에 있는 서른세 명의 수사 또는 신부들은 모두 동일한 지위에 있지요. 그리고 우리의 이름은 서약할 때 수도원장이 부여합니다. 저는 40년 전 어느 고아원을 벗어나 이곳에 왔고 지금은 피터란 이름으로 생활하고 있습니다."

마지막으로 나는 가장 궁금했던 사실을 물었다. "나는 렌 호프만이란 사람을 만나서 하고 싶은 이야기가 있습니다. 그 사람이 몇 년 전에 이곳에 온 것으로 알고 있는데요."

"렌 호프만, 렌 호프만이라!" 피터 신부는 그 이름을 되뇌이며 위를 쳐다보고 기억을 되살리는 듯했다. "아, 맞아요. 누군지 알겠습니다. 그분 역시 지금은 다른 이름을 사용하고 있지요. 그분도 기꺼이 당신에게 시간을 할애할 것입니다. 제가 그분의 우편함에 메모를 남기지요. 그러고 보니, 이번 주 리더십 강의를 주관할 사람이 바로 그분입니다. 모두가 그러하겠지만 당신도 강의시간에 얻는 것이 많을 것입니다. 푹 주무시고 내일 아침 5시 30분에 시작되는 기도 시간에 뵙도록 하죠?"

"아 참, 그리고 존." 계단을 오르는 순간 그가 말했다. "대단한 건 아니지만, 10년 전 수도원장이 렌 호프만 수사에게 '시몬'이라는 이름을 붙여 주었어요."

시몬, 그 운명적인 손짓

"내가 왜 여기에 있어야 하나?"

"내가 왜 여기에 있어야 하나?"
어리둥절한 상태로 계단을 오른 나는 창 밖으로 머리를 내밀고 신선한 공기를 몇 번 들이켰다. 밖에는 이미 어둠이 깔려 있었고, 미시간 호의 파도가 호숫가에 부딪히며 부서지는 소리가 멀리서 들려왔다. 서편에서는 한 줄기 바람이 윙윙거리며 창문으로 들이치고, 메마른 가을 나뭇잎들이 나뭇가지에서 사각거리며 어릴 적부터 내가 좋아했던 소리를 내고 있었다. 그리고 어두운 호수의 까

마득한 수평선에서는 섬광이 번뜩였고 멀리서부터 천둥소리가 들려왔다.

갑자기 섬뜩한 생각, (불안감이나 무서움이라기보다는) 기시감旣視感(전혀 경험하지 않았는데도 이미 경험한 듯한 느낌 — 옮긴이)이 엄습했다. '시몬 수사라구?' 나는 생각했다. '어떻게 이런 일이……'

창문을 닫고 복도를 따라 천천히 내 방을 찾았다. 그리고 3호실이라 적힌 방의 문을 조용히 열었다.

이슴푸레한 능불 사이로 두 개의 더블 침대와 책상, 그리고 조그만 소파로 단장된 작지만 아늑한 방의 풍경이 눈에 들어왔다. 조그만 욕실도 보였다. 침례교 목사라는 사람은 침대에 웅크리고 누워 이미 잠에 빠진 듯 나지막이 코를 골고 있었다.

갑자기 피곤이 몰려왔다. 나는 재빨리 옷을 벗고 간편한 바지로 갈아입은 다음, 소형 시계의 알람을 아침 5시로 맞춘 후 침대로 파고들었다. 사실 피곤해서 다음 날 5시 30분 예배에 참석할 자신은 없었지만, 그나마 시계라도 맞추는 것이 내 의지의 표현이라 생각했다.

머리를 베개에 대고 잠을 청하고는 있었지만 머릿속은 미친 듯이 소용돌이쳤다. "시몬을 찾아 가르침을 얻어야 한다!" 시몬 수사라고? 드디어 시몬을 찾았단 말인가? 이건 도대체 무슨 우연이란 말인가? 어쩌다 이런 상황에 처하게 된 것일까? "운명적이라고!" 하루에 다섯 번의 미사와 기도라니, 한 달에 두 번도 힘든 내가! 도대체 일주일을 어떻게 버텨야 하나? 그 꿈들… 시몬은 어떻게 생겼을까? 그가 내게 무슨 말을 해줄 것인가? 나는 왜 여기에 있어야 하나? "시몬을 찾아 가르침을 얻어야 한다!"

시계가 째깍째깍 소리를 내고 있었다.

첫째날
진정한 리더십의 개념

The Servant Leadership

권력을 소유한다는 것은 여자가 되는 것과 마찬가지다.
당신의 존재를 사람들에게 상기시켜야 한다면,
당신은 이미 권력과는 거리가 먼 사람이다.

마거릿 대처(Margaret Thatcher)

낯선 세계에서의 새로운 아침

"나는 마지못해 새벽 예배에 참석했다."

"잘 잤소?" 미처 알람을 끄기도 전에 동숙한 남자가 쾌활한 음성으로 인사를 건넸다. "나는 위스콘신에서 온 리 목사라고 합니다. 당신은 어디서 오셨소?"

"남부에서 온 존 데일리요. 반갑소, 리." 역시 그에게도 목사라는 호칭은 붙이지 않았다.

"옷을 입어야 될 것 같소. 그래야 다섯 시 반 예배에 참석하죠."

"혼자 가세요. 전 조금 더 자고 싶네요." 나는 웅얼거리며 가급적 피곤한 목소리로 말했다.

"그러시구려, 파트너 씨." 그는 빈정거리듯 한 마디 던지고는 곧바로 옷을 입고 문을 나섰다.

베개로 얼굴을 덮고 뒤척거리던 나는 잠이 깨버린 데다 약간의 죄책감이 들었다. 그래서 고민하고 있느니, 재빨리 세수를 하고 옷을 입고는 예배당을 향했다. 주위에는 아직 어둠이 깔려 있었고, 땅바닥은 전날 밤 스쳐간 폭풍으로 젖어 있었다.

예배당을 향하는 동안, 이른 아침 어둠이 덜 가신 하늘을 배경으로 수도원의 첨탑이 어슴푸레하게 눈에 들어왔다. 예배당 내부로 들어서니, 오래된 육각형의 목조 건물이 깨끗하게 보존되었다는 점이 우선 눈에 띄었다. 벽에는 아름답게 도색된 유리창이 각각 독특한 이미지를 연출하고 있었고, 대성당 형태의 높은 천장은 여섯 면의 벽과 연결되어 중앙의 첨탑을 지향하고 있었다. 그리고 신성한 곳을 밝히고 있는 수백 개의 촛불과 벽에 어른거리는 수많은 그림자, 그리고 아름답게 치장된 유리는 여러 형상을 주마등처럼 흥미롭게 반사하고 있었다. 수도원의 출입문 맞은편에는 조그만 목조 테이블로 만들어진 제단이 미사에 사용되는 여러 도구들과 함께 자리하고 있었고, 제단의 바로 앞에는 단순한 구조의 목조 의자가 11개씩 세 줄로 반원형으로 배치되어 있었는데, 아마도 33명의 수도사들을 위한 자리인 것 같았다. 그중 팔 받침대가 있는 의자는 유일하게 하나뿐이었다. 그 의자의 등받이에는 커다란 십자가가 조각되어 있어 수도원장을 위한 자리임을 암시하고 있었다. 제단에 인접한 벽을 따라서는 여섯 개의 접이식 의자가 놓여 있었는데, 이는 피정에 참여한 사람들을 위한 자리일 것이다. 나는 비어 있는 세 개의 의자 중 하나로 다가가 조용히 자리를 잡았다.

시간은 이미 5시 25분을 가리키고 있는데도 서른아홉 개의 의자 가운데 아직 절반이 비어 있었다. 잠시 후 사람들이 줄지어 예배당으로 들어설 때도 누구 하나 입을 여는 사람은 없었으며, 뒷구석에 놓인 대형 시계의 째깍거리는 소리가 적막감을 더해주고 있었다. 피정 참여자들이 간편한 복장을 한 반면, 수도사들은 하나같이 허리에 띠를 두른 길고 검은 수도복을 입고 있었다. 5시 30분이 되자 마침내 모든 자리가 채워졌다.

뒤에 있던 대형 시계가 30분을 알리는 종을 울리자, 수도사들은 곧바로 자리에서 일어나 기도문을 낭송하기 시작했다. 다행스럽게도 그들의 의식은 영어로 진행되었다. 피정 참여자들은 유인물을 보며 의식에 참여하고 있었지만, 나는 성가와 시편, 찬송가, 응답성가 편을 왔다 갔다 하다가 결국 포기하고 의자에 걸터앉아 그저 듣기만 했다.

내가 다니던 성당의 신부님이 했던 말이 생각났다. 그는 수도사들이 수백 년이나 지난 그레고리오 성가 형식을 따라 예배를 진행한다고 했다. 일 년 전, 레이첼은 인기 있는 성가 CD(스페인 수도사들이 녹음한)를 구입했고, 나 역시 그 CD를 무척 좋아했다. 그리고, 지금의 성가는 비록 영어를 사용하고 있었지만 내용은 CD의 그것과 유사했다.

몇몇 신참 수도사들은 주기적으로 찬송가 및 미사 안내서를 참고했지만, 대부분은 외부의 도움 없이 모든 과정을 기억하는 듯 의식을 이행하였다. 그러한 능력이 내게는 대단히 인상적인 느낌으로 다가왔다.

약 20분이 지난 후, 시작할 때와 마찬가지로 시도는 느닷없이 끝이 났고 수도사들은 한 줄로 수도원장을 따라 교회 뒤뜰로 이동하였다. 나는 떠나는 그 얼굴들을 하나하나 뚫어지게 바라보았다. 누가 렌 호프만일까?

최고 경영자 '시몬(렌 호프만)'의 전설

Leadership

"절정의 성공을 누리던 그는 어디로 사라졌을까?"

미사가 끝나자 나는 예배당에서 가까운 조그만 도서관으로 향했다. 내가 인터넷 검색을 하려 하자 나이가 지긋하고 호의적인 인상의 한 수도사가 접속 방법을 알려주었다.

레오나르드 호프만과 관련하여 인터넷에 등록된 건수는 무려 1천 가지가 넘었다. 한 시간 이상을 검색하던 나는 호프만에 대해 다룬 10년 전의 『포춘 Fortune』지 기사를 발견하고 거기에 빠져들었다.

렌 호프만은 1941년 '레이크 포레스트 스테이트 칼리지'에서 경영학 학사 학위를 취득하였다. 얼마 후 일본이 진주만을 공습하면서 렌은 가장 절친했던 유년기의 친구를 잃었고, 당시의 수많은 젊은이들과 마찬가지로 그의 이름도 징병 대상에 포함되었다. 호프만은 임관 장교로 해군에 입대하였고, 남보다 빠른 승진을 거듭한 끝에 초계 어뢰정의 함장으로 임명되어 필리핀 제도를 순찰하는 임무를 맡게 되었다.

어느 날 그의 순찰구역 안에 있는 조그만 섬에서 격렬한 전투 끝에 항복한 장교 3명을 포함하여 일본인 포로 12명을 체포하라는 임무가 떨어졌다. 그가 받은 명령의 구체적인 내용은, 일본군 장교와 그의 부하들에게 명령하여 알몸으로 정글로부터 투항토록 하여 수갑을 채우고 초계 어뢰정에 태운 후 해안에서 몇 마일 떨어진 구축함으로 이송하는 것이었다. 호프만은 진주만 공습 당시 자신의 절친했던 친구의 목숨을 앗아간 일본군에 대해 가졌을법한 적개심에도 불구하고, 일본군 장교와 병사들에게 알몸을 드러내게 하는 치욕적인 행위를 강요하지는 않았다. 그 대신 군복을 착용하고 양팔을 머리 위로 올린 채 정글에서 투항하도록 했으며, 게다가 장교는 말을 타고 선두에 서도록 하였다.

호프만은 상사의 명령에 복종하지 않은 죄로 가벼운 곤경에 처했지만 곧 큰 문제없이 수습되었다. 그 사건에 대해 호프만은 이렇게 말했을 뿐이다. "다른 사람을 대할 때는, 그 사람으로부터 대접받고자 하는 대로 대접해야 한다." 그는 전쟁이 막바지로 치달을 무렵 그동안 수여받은 수많은 훈장과 함께 명예롭게 전역하였다.

기사에 따르면, 호프만은 기업가로서도 높은 명성을 누렸고 탁월한 경영자로 추앙받았다. 그리고 직원들을 리드하고 동기動機를 부여하는 그의 능력은 업계에서 전설처럼 전해지고 있다. 또한 도산에 직면한 일부 기업체를 성공적인 기업으로 변화시킨 위대한 전환가turnaround artist로서도 명성이 높았으며, 탁월한 작가로서도 세간의 주목을 받았다. 그의 저서『위대한 역설The Great Paradox : To Lead You Must Serve』은『뉴욕타임스』상위 50개 베스트셀러 목록에 3년간, 『USA 투데이 머니』베스트셀러 목록 상위 10개 항목에 5년 이상 포함되었다.

호프만의 마지막 경영 업적은, 침몰해가던 거대기업인 사우스이스트 항공사를 소생시킨 것이었다. 당시 연 50억 달러의 매출에도 불구하고 사우스이스트 항공사는 낮은 수준의 기업 인지도와 서비스, 직원들의 사기 저하로 업계의 비웃음거리로 전락하였다. 따라서 대부분의 재무 전문가들은 사우스이스트의 도산이 불가피할 것으로 믿고 있었다. 게다가, 사우스이스트는 호프만이 최고경영자CEO로 회사를 떠맡기 이전 5년간 15억 달러라는 천문학적인 적자를 성공적으로(?) 달성하였다.

이러한 악조건에도 불구하고 호프만은 취임 후 3년여 만에 사우스이스트의 재무 토대를 탄탄하게 구축하였다. 고객 만족도와 정시 도착률이 향상되면서 항공사는 업계의 밑바닥에서 2위로 부상하여 탄탄하게 자리잡았고, 그 사실은 모든 부문에 대한 평가에서 확인되었다.

기사에는 호프만의 전·현직 직원, 업무 또는 군 관련자 및 친구들의 인터뷰도 실려 있었다. 그들 중 일부는 호프만에 대해 각별한 애정을 표시하였고, 다른 일부는 그가 특별한 신앙인이 아닌데도 불구하고 대단히 신실한 사람이었다고 언급하였다. 또 어떤 이는 호프만을 두고 '이 세상에는 존재하지 않는' 고도로 진화된 성향의 집합체라고까지 하였다. 이들은 하나같이, 호프만이 삶을 무척 즐기는 것 같았다고 입을 모았다. 『포춘』지 편집인의 말처럼, 렌 호프만은 '성공적인 삶의 비밀을 알고 있는 사람' 같았지만 그 비밀에 관해서는 결코 언급하지 않았다.

인터넷에서 발견한 마지막 기사는, 1980년 말 『포춘』지에 수록된 내용이었다. 기사에 따르면, 호프만은 60대 중반, 성공의 절정기에 은퇴하여 은둔한 것으로 보인다. 그가 은퇴하기 1년 전, 아내가 갑작스러운 뇌졸중으로 40세의 젊은 나이에 사망하였다. 많은 사람들은 그의 은퇴가 아내의 갑작스러운 죽음 때문이라고 믿었다. 짤막한 기사는, 그가 사라진 것은 미스터리이며 비밀종파 혹은 사교집단에 귀의했다는 풍문을 전하며 끝을 맺었다. 모두들 결혼하여 가정을 꾸린 호프만의 다섯 자녀들도 그의 거처에 대해서는 이렇다 할 이야기를 삼갔으며, 그가 현재 행복하고 건강한 생활을 하고 있으며 홀로 지내기를 원한다고만 언급하였다.

> 시몬과 함께한 지 불과 30초도 지나지
> 않아 나를 둘러싸고 있던 모든 방어막이
> 일시에 허물어져버렸다

"그때 그는 내 화장실의 변기를 고치고 있었다."

7시 30분에 미사를 마치고, 나는 약간의 오한을 느껴 아침식사 전에 방으로 돌아가 스웨터를 입어야겠다고 생각했다. 방에 들어섰을 때, 조그만 욕실에서 인기척이 들리기에 내가 소리쳤다.

"안에 있어요, 리?"

"저는 리가 아닙니다." 대답이 들렸다. "여기서 고장난 변기를 고치고 있어요."

나는 욕실에 머리를 들이밀고 나이든 수도자를 쳐다보았다. 그는 손과 무릎까지 덮인 까만 수도복을 입고 변기에 연결된 파이프에 렌치를 대고 비틀고 있었다. 천천히 일어섰을 때, 그의 키는 182

센티미터가 넘는 나보다 적어도 반 뼘은 커 보였다. 수건으로 손을 깨끗이 닦은 그가 손을 내밀었다. "저는 시몬 수사입니다. 만나서 반갑습니다, 존."

인터넷에서 보았던 투박한 얼굴의 주름, 뚜렷한 광대뼈, 튀어나온 턱과 코, 적당한 길이의 은발을 연상하며 나는 이 사람이 렌 호프만이라는 것을 직감했다. 인터넷에서 보았던 그는 무척 건강한 얼굴에 약간 붉은 뺨, 그리고 마르고 단단한 체구였다. 하지만 무엇보다 인상적인 것은 그의 두 눈이었다. 맑고 진한 청색에 통찰력이 담긴 눈 ― 그 눈은 지금껏 내가 보아온 것 중에서도 가장 인자하고 포용력 있는 눈이었다. 지금의 시몬 역시 청년과 노인의 이중적인 외모를 지니고 있었다. 주름진 얼굴과 은발은 전형적인 노인의 모습이었지만 그의 눈과 영혼은 내가 어렸을 적 경험했던 강렬한 에너지를 내뿜고 있었다.

그의 크고 힘찬 손에 맞잡힌 내 손이 너무 왜소하다고 느낀 나는 당혹감으로 시선을 떨구었다. 지금 내 앞에 서 있는 사람이 업계의 전설적인 인물, 바로 그 사람이다. 그런데, 전성기에는 매년 수백만 달러를 벌어들이던 사람이 지금은 내 변기를 수리하고 있다니!

"안녕하세요, 저는 존 데일리입니다...... 만나서 영광입니다, 수사님." 기어들어가는 목소리로 인사를 건넸다.

"아, 네, 존. 피터 신부님이 그러시더군요, 당신이 날 만나고 싶어한다고......"

"물론입니다, 수사님께서 시간이 되신다면요. 수사님은 무척 바쁜 분이잖습니까?'

그가 진지한 태도로 관심 있게 물었다. "언제가 좋겠습니까? 제 생각에는……?"

"폐가 안 된다면, 수사님, 저는 여기 머무는 동안 매일 잠깐이라도 수사님과 별도의 시간을 가졌으면 합니다. 함께 식사를 한다거나 그런 방법도 괜찮을 것 같은데요. 짐작하시겠지만, 요즘 저는 상당히 곤란한 지경에 처해 있습니다. 그래서 수사님의 조언을 들었으면 합니다. 아울러 이상한 몇 가지 우연에 대해 드릴 말씀도 있고요."

이런 말들이 내 입을 통해 쏟아졌다는 사실이 나 스스로도 믿기지 않았다. 내가, 무엇 하나 아쉬울 것 없고, 어떤 상황에서도 침착하다고 자부해왔던 내가 곤란한 상황에 처해 있다고, 조언이 필요하다고 다른 사람에게 말하다니! 내 스스로에게 놀랐던 것일까, 아니면 시몬 수사에게 놀란 것일까? 이 사람과 함께한 지 불과 30초도 지나지 않아 나를 둘러싸고 있던 방어막은 한꺼번에 허물어져 버렸다.

"이렇게 하면 어떨까요, 존. 아시다시피, 수도사들은 수도원에서 함께 식사를 합니다. 그래서 당신과 시간을 함께 하기 위해서는 허락을 받아야 합니다. 수도원장이신 제임스 신부님은 이런 문제에 대해서는 대단히 관대합니다. 그리고 허락을 받기 전까지는 첫 미사가 시작되기 전 5시에 예배당에서 만나면 어떨까요? 그러면 어느 정도 시간이……."

"그래주시면 정말 고맙겠습니다." 새벽 5시면 내겐 상당히 힘든 시간임에도 불구하고 나는 또다시 그의 말을 끊었다.

"하지만 지금은 여기 일을 끝마치고 아침식사에 늦지 않게 가야 합니다. 9시 정각 강의시간에 뵙도록 하죠."

"그럼 그때 뵙겠습니다, 수사님." 나는 어색한 자세로 욕실을 나오면서 말했다. 그리고 스웨터를 움켜쥐고 스타를 만났다는 환희에 젖은 채 식당으로 향했다.

경청하는 태도는 리더가 가져야 할 가장 중요한 덕목이다

"앞서 말한 사람의 피정 참여 동기를 정리해주시겠습니까?"
"부끄럽지만 그녀가 한 말을 제대로 듣지 못했습니다."

첫 일요일 아침, 강의 시간보다 5분 일찍 도착한 나는 교육장의 아담한 규모와 현대적이며 편안한 분위기가 마음에 들었다. 그곳의 두 벽면에는 수공으로 아름답게 제작된 책꽂이가 자리하고 있었고, 목재를 다룬 솜씨로 보아 상당한 실력을 가진 전문가의 작품인듯 했다. 미시간 호를 향한 강의실의 서쪽 벽면에 설치된 육중한 석재 벽난로에서는 하얀 자작나무에 불꽃이 일며 향긋한 냄새를 자아내고 있었다. 그리고 바닥에는 비싸지는 않지만 손질이 잘 된 카페트가 깔려 있어 실내의 따뜻한 느낌을 더해주고 있었다. 또한 비록 오래 되었지만 등받이가 곧은 목조 안락의자 몇 개가 (고맙게도 패드가 갖추어져) 제멋대로 배치되어 어디가 교단인지를 분간할 수 없게끔 하고 있었다.

내가 도착했을 때, 강의를 맡은 시몬 수사는 선 채로 창 밖 호수를 바라보며 깊은 생각에 잠긴 듯했다. 나머지 5명의 수강생들은 원을 따라 이미 자리에 앉아 있었고, 그중에는 내 룸메이트도 끼어 있었다. 구석에 있던 대형 시계가 종을 울려 9시를 알리자 내 손목시계도 덩달아 알람소리를 내기 시작했다. 내가 급하게 손목시계를 눌러 소리를 멈추고 있을 때, 시몬 수사는 목조 의자를 끌어당겨 우리에게 다가앉았다.

"안녕하세요. 저는 시몬 수사입니다. 앞으로 7일 동안 저는 제 인생을 바꾼 몇 가지 리더십 원칙을 여러분과 함께 나누고자 합니다. 먼저 고명하신 여러분께서 이 자리에 참석해주신 것에 대해 대단히 감사하게 생각하며, 저 역시 여러분로부터 많을 것을 배울 수 있으리라 생각합니다. 이렇게 생각해봅시다. 이 모임에 참석한 우리들이 리더십을 경험한 햇수를 모두 더한다면 몇 년이나 될까요? 100년, 아니면 200년? 이번 주 우리는 서로에게서 배우는 시간을 가질 것입니다. 제가 모든 해답을 제시할 수는 없습니다. 하지만 제가 굳게 믿고 있는 점은, 우리 모두는 누구든 한 개인보다는 분명히 현명하다는 것이며, 한 주 동안 함께 발전할 수 있다는 점입니다. 함께 해보시겠습니까?"

우리 모두는 정중히 고개를 끄덕였고, 나는 속으로 이렇게 생각했다.

'그럼, 물론이지. 렌 호프만은 리더십에 대해 내게서 한 수 배우

게 될 거야!'

시몬 수사는 우리 6명 모두에게 각자의 경력과 피정에 참여한 이유를 간략하게 소개하도록 했다.

룸메이트인 리 목사가 먼저 소개를 했고, 젊고 약간 잘난 체하는 미육군 하사관 그렉이 그 뒤를 이었다. 그리고 남부에서 온 히스패닉 공립학교의 교장인 테레사, 미시간 주립대의 여자농구부 코치인 장신의 매력적인 흑인 여성 크리스가 뒤를 이었다. 내 앞 순서에서는 킴이라는 여성이 자신에 대한 얘기를 시작했지만 나는 그녀의 이야기를 듣고 있을 수 없었다. 내 차례가 되었을 때 무슨 이야기를 할 것인지 생각하느라 정신이 없었기 때문이었다.

그녀의 순서가 끝났을 때, 시몬 수사는 내게 이렇게 물었다. "존, 시작하기 전에 킴이 왜 피정에 참여하게 되었는지 요약해서 대답해주시겠습니까?"

순간 나는 그 질문에 당황하여 피가 거꾸로 솟는 듯했다. 이 상황을 어떻게 모면할 것인가? 사실 나는 킴의 소개 내용을 한마디도 듣지 못했다.

"부끄럽지만 킴이 한 말을 제대로 듣지 못했습니다." 나는 더듬거리며 고개를 떨구었다. "미안합니다, 킴."

"솔직하게 말씀해주셔서 감사합니다, 존." 수사가 말했다. "경청하는 태도는 리더가 반드시 계발해야 할 중요한 기술입니다. 이번 주 우리는 이를 주제로 많은 이야기를 나누게 될 것입니다."

"저도 노력하겠습니다." 내가 다짐하였다.

간단히 내 소개를 마치자 수사의 말이 이어졌다. "이번 주 우리는 한 가지 규칙에 대해 논의할 것입니다. 전해지는 것이 있다면 그에 대한 여러분의 생각을 말씀해주시기 바랍니다."

"'전해지는 것'이란 무엇을 말하는 것입니까?" 하사관 그렉이 물었다.

"이야기를 나누다 보면 무언가 느끼는 것이 있을 것입니다, 그렉. 그 느낌이란 주로 불안감 같은 것으로, 자리에 앉아 있기가 겸연쩍다거나 심장 박동수가 빨라진다거나 손바닥에 땀이 스미는 등의 경험을 말합니다. 또한 여러분에게 뭔가 할 얘기가 있을 때도 그러한 불안감을 의식하게 될 것입니다. 설령 여러분이 발언하고 싶지 않다거나 하고자 하는 이야기를 다른 사람들이 듣고 싶어 하지 않는다고 생각되더라도, 이번 주에는 그러한 감정을 '거부'하거나 '회피'하지 마시기 바랍니다. 전해지는 것이 있으면 말씀하십시오. 동시에 그와 반대되는 규칙에 대해서도 논의할 것입니다. 만일 전해지는 것이 없다면 발언을 자제하여 다른 사람들이 이야기할 여지를 남겨주어야 할 것입니다. 이해는 차후로 미루고, 일단은 저를 믿고 따라주시기 바랍니다. 그래 주시겠습니까?"

모두가 정중히 고개를 끄덕였다.

사물은 '관리하는 manage' 것이지만, 사람은 '리드하는 lead' 것이다

Leadership

"진정한 리더십이 타인에게 영향력을 발휘하기 위해서는 상당한 자기계발이 필요합니다. 불행히도, 리더십이 요구되는 지위에 있는 사람들 대부분은 이러한 중대한 노력을 회피합니다."

수사의 말이 계속되었다. "여러분 모두는 현재 리더의 지위에 있고 보살펴야 할 사람들이 있습니다. 이번 주 저는, 여러분이 리더가 되고자 했을 때의 결심이 얼마나 확고한 것인지 시험해 볼 것입니다. 분명 여러분 모두는 아버지, 어머니, 배우자, 상사, 코치, 교사 또는 그 외의 어떤 지위에 있건 주어진 역할을 다하기 위해 이 자리에 자원하였습니다. 아무도 여러분을 강요하지 않을 것이며, 원한다면 언제든 이 자리를 떠날 수도 있습니다. 예컨대, 여러분의 일터에서 대부분의 직원들은 여러분이 리더로서 설정한 환경에서 생활하며, 근무 시간의 절반은 대충대충 시간 때우기로 보내고 있습니다. 조직에서 일할 때 저는 매우 무책임하고 경솔하기까지 한 사람들이 리더의 책임을 운운하는 것을 보고 무척 놀랐습니다. 해결해야 할 문제들이 산적해 있으며 사람들은 여러분에게 전적으로 의지합니다. 리더의 역할이란 그만큼 크나큰 소명의식인 것입니다."

나는 왠지 불편한 감정에 휩싸였다. 사실 내가 직장에서 리더십을 발휘할 때는 과연 직원들의 생활에 얼마만큼의 영향력을 지니고 있었는지 생각해본 적이 없었다. 그런데 '크나큰 소명의식'이라니? 언뜻 이해가 가지 않았다.

"제가 여러분과 함께 나누고자 하는 리더십 원칙들은 새로운 것도, 제가 만들어낸 것도 아닙니다. 그것은 성경과 같이 오래된 것이면서도, 오늘 아침의 일출 광경처럼 새롭고도 신선한 것입니다. 이 원칙은 모두에게 그리고 여러분에게 특권으로 주어진 리더의 역할에 적용됩니다. 그리고 여러분이 이 원칙에 대해 그동안 깊이 생각해보지 않았다면, 지금 이 자리에 참석하게 된 것이 결코 우연이 아님을 알아야 합니다. 여러분이 이 자리에 참석한 데는 그만한 목적이 있습니다. 우리가 함께 보낼 일주일 동안 그 목적을 발견하시길 바랍니다."

그가 발언하는 동안 나는 레이첼이 언급했던 '시몬의 우연'과 내가 여기까지 오게 된 일련의 사건에 대한 생각을 떨칠 수 없었다.

"오늘 여러분에게는 좋은 소식과 동시에 나쁜 소식이 있습니다." 시몬 수사의 말은 계속되었다. "좋은 소식은 제가 앞으로 일주일 동안 리더십의 핵심 내용을 여러분에게 제공하리란 점입니다.

저는 이것이 오늘 아침, 리더인 여러분을 위한 좋은 소식이 될 것이라고 확신합니다. 두 명 또는 그 이상의 사람들이 하나의 목적을 위해 함께 모였다면 분명히 리더십에 대해 모색할 기회가 있다는 점을 기억하십시오. 나쁜 소식이란, 여러분 각자가 이러한 원칙을 여러분의 실생활에 접목하리라는 개인적 각오를 다져야 한다는 점입니다. 진정한 리더십이 타인에게 영향력을 발휘하기 위해서는 상당한 자기 발전이 필요합니다. 불행히도, 리더십이 요구되는 지위에 있는 사람들 대부분은 이러한 중대한 노력을 회피합니다."

룸메이트인 리 목사가 손을 들자 시몬 수사가 발언하도록 했다. "수사님께서는 '리더' 와 '리더십'이란 단어를 자주 사용하시면서도, '관리자' 나 '관리' 라는 용어는 피하시는 것 같습니다. 일부러 그런 것입니까?"

"잘 보셨습니다, 리. 관리란 여러분이 다른 사람들을 위해 실행하는 뭔가를 의미하는 용어가 아닙니다. 여러분은 재고품 목록과 수표책 또는 다른 수단들을 관리합니다. 심지어 여러분 자신을 관리할 수도 있습니다. 그러나 다른 인격체를 관리할 수는 없습니다. 사물은 관리하는 것이지만, 사람은 리드하는 것입니다."

시몬 수사는 자리에서 일어나 윗부분에 '리더십' 이라 적힌 차트를 넘기며, 리더십이란 용어에 대해 함께 정의하자고 제의했다. 20분 후 우리는 다음과 같은 정의에 합의하였다.

> **리더십** 공동의 이익을 위해 설정된 목표를 향해 매진할 수 있도록 사람들에게 영향력을 발휘하는 기술

수사는 다시 자리로 돌아가 말했다. "여기서 짚고 넘어가야 할 것 한 가지는, 우리가 리더십을 하나의 '기술 skill'로 규정했다는 것입니다. 매우 적절한 정의라고 생각합니다. '기술'이란 단순하게 말하면 학습된 또는 습득된 능력을 의미합니다. 즉, 타인에게 영향력을 발휘하는 리더십이란 적절한 욕구와 행동을 겸비한 사람으로부터 학습 또는 계발될 수 있는 기술인 것입니다. 유의해야 할 또 다른 용어는 '영향력 influence'입니다. 리더십이 타인에게 영향력을 발휘하는 것이라면, 그 영향력을 어떤 방식으로 제고해야 할까요? 어떻게 하면 사람들이 우리의 의지대로 움직이도록 할 수 있을까요? 어떻게 하면 그들의 자발적인 기여, 즉 그들의 아이디어와 헌신, 창의성, 우수한 역량 등을 확보할 수 있을까요?"

"다시 말해서……" 내가 끼어들었다. "우리가 수사님에게 머리를 숙인 것처럼 수구적인 태도보다는 사람들이 능동적인 자세로 업무에 참여할 수 있도록 하는 것이 리더의 역할인가요? 수사님이 생각하시는 게 그런 것입니까?"

권력power은 능력이지만 권위authority는 기술이다

"권위가 실추된 상태에서는 권력에 의지할 수밖에 없습니다. 더 심한 경우, 권력마저 조롱당하는 상황에 처할 수도 있습니다."

"비슷합니다, 존. 영향력을 계발하는 방법을 좀 더 상세하게 이해하기 위해서는, 권력power과 권위authority의 차이를 먼저 알아야 합니다. 이 방에 있는 여러분은 누구나 권력을 지니고 있습니다. 그러나 과연 여러분이 리드하는 사람들에 대하여 어느 정도의 권위를 지니고 있는지는 의문입니다."

나는 이미 혼란스러워져 있었다. "수사님, 솔직히 저는 권력과 권위의 차이에 대해 이해가 잘 가지 않습니다. 좀 더 상세하게 설명해주시겠습니까?"

"기꺼이 그러지요, 존. 사회학 창시자들 중 한 사람인 막스 베버는 오래전에 『사회 경제학적 조직이론』이라는 저서를 집필하였습니다. 그 책에서 베버는 권력과 권위의 차이를 명확하게 제시하였고, 그의 정의는 현재도 폭넓게 이용되고 있습니다. 베버의 견해를 좀 더 상세히 설명하지요."

수사는 차트로 다가가서 이렇게 기록하였다.

> **권력** 원하지 않는 사람에 대해서도, 자신이 지위 또는 세력을 이용하여 자신의 의지대로 행동하도록 강제 또는 지배하는 능력

"이제 권력의 의미를 이해하시겠지요? 세상은 권력으로 가득 차 있습니다. '시키는 대로 하지 않으면 당신을 해고하겠소!' '시키는 대로 해, 안 그러면 널 내쫓아 버릴 거야!' '시키는 대로 해, 안 그러면 나한테 혼나!' '시키는 대로 하지 않으면 이주일간 외출 금지야!' 쉽게 말해서, '이렇게 해, 안 그러면……!' 이라고 할 수 있죠. 모두 이해하시겠지요?"

모두 알았다는 듯 고개를 끄덕였다.

시몬 수사가 다시 차트로 다가가 이렇게 적었다.

> **권위** 개인의 영향력에 의해 사람들을 기꺼이 여러분의 의지대로 행동하게 하는 기술
> 자신의 영향력을 통해 다른 사람들을 기꺼이 자신의 의도대로 행동하도록 유도하는 기술

"이 정의는 권력과는 약간 다르지 않습니까? 권위란 여러분의 요청에 의해 사람들이 여러분의 의지대로 행동하도록 하는 것입니다. '빌이 내게 부탁한 것이니까 해야지', '엄마가 시킨 것이니까 해야지.' 그리고 주목해야 할 점은, 권력이란 '능력 ability'으로 규정된 데 반해 권위는 '기술 skill'로 표현되었다는 것입니다. 권력을 행사하는 데는 반드시 머리와 용기가 필요하지는 않습니다. 예컨대, 두 살짜리 아이들은 부모와 애완동물에게 소리를 지르며 원하는 바를 요구합니다. 그리고, 인류 역사를 통해 볼 때 수많은 악법들이 존재하여 권력의 유지 수단으로 활용되었습니다. 그러나 권위를 형성하기 위해서는 특별한 기술이 필요합니다."

농구 코치인 크리스가 말했다. "따라서 권력을 가진 지위에 있지만 권위가 없는 사람 또는 권위는 있지만 권력이 없는 경우가 발생하게 된다는 말씀이군요. 하지만 목적은, 당연히 권위와 권력을 동시에 겸비한 사람이 되는 것 아닌가요?"

"그렇게만 된다면 더할 나위 없겠지요, 크리스. 권력과 권위를 구분하는 또 다른 측면은, 권력이란 사고 팔거나 주고받을 수 있다는 점입니다. 사람들은 권력자의 친척이거나 동료라고 해서 또는 부와 권력을 상속받음으로 해서 그러한 지위에 오를 수 있습니다. 하지만 이런 경우는 권위에 대해서는 절대 통용될 수 없습니다. 권위란 결코 사고팔거나 주고받을 수 없습니다. 권위란 한 인간으로서의 당신과 관련된 것이며, 당신의 인성, 사람들에 대한 영향력과 밀접하게 관련되어 있습니다."

"하지만 수사님의 말은 가정이나 교회에서는 몰라도 현실 세계에서는 결코 적용될 수 없다고 생각합니다." 그렉이 의견을 주장했다.

시몬 수사는 항상 사람들의 이름을 언급하였다.

"그런지 아닌지 같이 살펴봅시다, 그렉. 우리는 가정에서 배우자나 자녀가 우리의 권력이나 권위 중 어느 것을 따라주길 바라나요?"

"그거야 권위죠, 당연히……." 공립학교 교장 테레사가 끼어들었다.

수사가 곧바로 질문을 던졌나. "왜 당연히 그럴까요, 테레사? 권력이면 가능하지 않을까요? 아들에게, '너, 쓰레기를 내다버리지 않으면 엄마에게 혼날 줄 알아!'라고 하면, 과연 쓰레기가 그 자리에 그대로 있을까요?"

이때 킴(그녀는 남부 '성령의 병원' 출산 센터의 수간호사다)이 말허리를 잘랐다. "그렇죠. 하지만 그런 식으로 얼마나 지속될까요? 머잖아 아들은 성인이 될 것이고, 그러면 부모에게 반항하지 않겠습니까?"

"바로 그겁니다, 킴. 왜냐하면 권력이란 인간관계에 해를 끼치기 때문입니다. 권력이란 얼마 동안은 효과가 있고 얼마간의 목표를 달성할 수는 있습니다. 그러나 지속되면 인간관계를 훼손하게 됩니다. 10대 아이들에게서 흔히 발견되는 현상, 이른바 '반항'이라는 것은 주로 가정에서 '권력이 지배하는' 상황이 장기간 지속될 때 유발되는 현상입니다. 그리고 그와 동일한 현상이 기업에서도 발생합니다. 불안정한 직원은 대개 '반항심'을 숨기고 생활합니다."

아들의 행동과 공장에서의 노조운동에 생각이 미치자 갑작스레 골치가 아파오기 시작했다.

"물론 생각이 있는 사람이라면, 누구나 가정은 권위를 통해 운영되어야 한다는 점에 동의할 것입니다. 그러면, 자원봉사 기관에 대해서는 어떨까요? 리, 당신은 교회의 목사로서 수많은 자원봉사자들을 다루어야 합니다. 그렇죠?"

"물론 그렇습니다." 리가 동의하였다. "그렇다면, 리, 자원봉사자들은 권력과 권위 중 어느 것에 대해 더 긍정적인 반응을 보일까요?"

리가 웃으며 답했다. "만일 권력으로 대한다면, 그들의 봉사활동은 분명 얼마가지 못하겠지요!"

"그렇습니다, 그 사람들은 자신들의 '욕구를 충족시키는' 조직에서만 활동하려 할 것입니다. 그렇다면, 기업에서는 어떨까요? 기업 세계에서는 과연 자원봉사자들을 다루고 있습니까?"

이 질문에 대해서는 잠시 생각할 시간이 필요했다. 물론 내 대답은 '당연히 아니죠' 이지만 시몬은 내 지위에 대해 다시 한 번 생각하게끔 하였다.

"생각해봅시다. 우리는 그들의 손과 팔, 다리 등을 임대할 수 있고, 시장은 우리가 지불해야 할 임대료를 결정해줍니다. 그러나 분명히 말해서 그들은 자원봉사자가 아니지 않습니까? 그들은 언제든 회사를 떠날 준비가 되어 있을까요? 시간당 50센트를 더 준다고 해서 다른 고용주에게 달려갈까요? 아니면, 단지 50센트가 적다는 이유로 우리를 미워할 수 있을까요? 당연히 그럴 수 있습니다. 그렇다면, 그들의 마음과 의식, 헌신, 창의성, 아이디어 등에 대해서는 어떨까요? 이러한 것들이 자발적으로 발휘되는 부산물이 아니라면, 맞는 생각일까요? 여러분은 직원들의 헌신적 노력과 우수한 능력, 창의력 같은 것들을 명령하고 요구한다고 해서 성취할 수 있습니까?"

농구 코치가 반대 의견을 제시했다. "수사님, 제 생각에는 수사님의 생각이 너무 이상주의를 지향하는 것 같습니다. 권력을 사용하지 않는다면 사람들이 수사님을 무시할 것 같은데요!"

"그럴지도 모릅니다, 그리스. 하지만 당신이 저를 '허수아비'로 여기지 않는다면, 제가 권력을 사용하는 시점을 알고 있다는 사실을 간과하지는 않을 것입니다. 가정에서 반드시 실행해야 할 사안에 대해서 또는 무능한 직원을 해고할 때 등 권력이 필요한 시점이 있습니다. 제가 말씀드리고자 하는 것은, 권력이 반드시 필요한 경우 리더는 '왜' 권력에 의지해야 하는지를 알아야 한다는 점입니다. 아시다시피, 권위가 실추된 상태에서는 권력에 의지할 수밖에 없습니다. 더 심한 경우, 권위라고는 조금도 찾아볼 수 없는 상황에 처할 수도 있습니다."

"하지만, 권력이란 사람들의 주의를 끌 수 있는 유일한 수단이라고 생각합니다!" 하사관이 주장했다.

"한때는 그런 적도 있었습니다, 그렉." 수사가 동의했다. "그러나 사람들이 권력에 반응하는 유형은 평소의 행동과는 차이가 있습니다. 지난 30여 년간 이 나라가 지나온 과정을 생각해보십시오. 우리 모두는 1960년대를 거쳐왔고 권력과 제도에 대한 공개적인 도전을 지켜보았습니다. 그리고 우리 정부가 권력을 남용하여 워터 게이트와 이란 게이트, 화이트 워터 게이트 및 그 밖의 여러 부적절한 문제를 유발시킨 사례를 목격하였습니다. 일부 교회 지도자들이 불법과 탈법을 일삼으며 치욕적인 모습을 보이고, 군부에서는 고엽제와 최근의 걸프전 증후군에 이르기까지 온갖 거짓말을 서슴지 않았으며, 일부 거대기업의 지도자들은 대중매체와 할리우드를 악용하여 환경 파괴를 공개적으로 자행하는 신뢰할 수 없는 악인의 길을 걸었습니다. 저는 최근 우리 사회에서 권력자의 지위에 있는 사람들이 과거 어느 때보다도 회의적인 인물들이라고 생각합니다."

리가 불쑥 끼어들었다. "지난 주 『USA 투데이』를 봤더니, 30년 전에는 4명 중 3명이 당시의 정부를 신뢰한다고 했습니다. 그러나 최근 통계로는 4명 중 1명뿐이더군요. 상당히 인상적인 수치였어요."

"이론이야 어쨌건 다 좋아요," 코치가 다시 반론을 제기하였다. "하지만 수사님의 말씀처럼 권위와 영향력이 목적을 성취하는 길이라면, 현재 우리가 관계하고 있는 별별 유형의 사람들에 대해 도대체 어떤 식으로 권위를 형성시킨다는 말인가요?"

"잠시만요, 크리스, 잠시만." 수사는 빙그레 웃으며 대답했다. "곧 그 방법에 대해 충분한 이야기가 있을 겁니다."

하사관이 시계를 보더니 소리쳤다. "시몬 수사님, 제게 전해지는 것이 있다면 기꺼이 말하겠습니다만, 하지만 오전 시간은 이걸로 마무리하고 화장실을 갔으면 하는데요?"

> ## 피정에 참여한 사람들은 각기 다른 환경에서 생활한 사람들이지만 모두 리더의 위치에 있었다
>
> *"수년간 잊고 지냈던 것들이 문득 떠올랐다"*

하루에 세 번 제공되는 식사는, 오전 8시 15분(아침 기도 후)과 오후 12시 30분(정오 기도 후), 그리고 오후 6시(저녁 기도 후)로 정해져 있었다. 음식은 조촐하였지만 신선하고 맛이 있었으며, 앤드류라 불리는 명랑한 성격의 수사가 음식을 각각 나누어주었다.

무엇보다 놀란 것은, 내가 수도원에 머문 일주일 동안 하루 다섯 차례의 미사와 기도에 기꺼이 참여했다는 점이었다. 수도원의 하루는 5시 30분의 새벽 미사로 시작해서 7시 30분의 아침 기도, 정오 기도, 오후 5시 30분의 저녁 기도 및 8시 30분의 저녁 기도로 마무리되었다. 미사 시간은 20분에서 30분 정도였으며, 네 번의 기도 모두 약간씩 다른 형식으로 진행되었다. 처음에는 미사와 기도 시

간이 다소 지겨웠으나, 일주일이 지날 무렵에는 놀랍게도 다음 미사와 기도를 기다리는 내 자신을 발견하게 되었다. 미사에 참여하면서 나는 내 스스로와 내 시간에 대해 집중할 수 있었고, 그동안 잊고 지내온 여러 가지를 다시 생각할 수 있는 기회를 가졌다.

룸메이트와도 좋은 시간을 가졌다. 리는 내가 과거에 만났던 종교인들과는 달리 가식이 없고 개방적인 사람이었다. 비록 함께한 시간은 많지 않았지만, 하루를 마무리하기 전에 서로의 생각을 공유할 수 있는 시간도 가졌다. 우리는 아침 일찍 일어나 하루의 일을 소화하느라 무척 피곤하였기에 잠자리에 들자마자 곯아떨어졌다. 대체로, 룸메이트에 대해서는 더 바랄 게 없었다.

피정에 참여한 우리 6명은 각자 다른 삶을 살던 사람들이었지만, 공통분모라고 한다면 모두가 저마다의 조직에서 리더의 역할을 수행하고 있다는 점이었다. 그리고 우리 모두는 서로에 대해 책임의식도 지니고 있었다.

하루는 다섯 번의 미사와 기도, 세 번의 식사, 그리고 짧은 휴식시간과 함께 4시간의 강의로 구성되었다. 그리고 나머지 시간은 독서를 하거나 동료들과 잡담을 나누고, 아름다운 정원과 미시간 호로 향하는 243개의 계단을 따라 강변을 산책하는 것으로 소일했다.

자기에게 영향을 미친 사람들의 특징이 다른 사람들의 그것과 아주 흡사하다는 것을 깨닫고 우리는 모두 놀라움을 금치 못했다

Leadership

"여러분이 작성한 모든 특징은 행동을 의미합니다. 그리고 행동이란 선택의 문제입니다."

오후 강의 시간에 시몬 수사는 모두에게 두 명씩 짝을 지으라고 했다. 킴은 내게 미소를 보냈고, 이번에는 그녀의 이야기에 귀를 기울이리라 다짐하면서 나는 그녀와 짝을 지었다.

"이제 권위 또는 영향력 형성에 대한 뼈대에 살을 붙여보도록 하겠습니다. 먼저 여러분 각자가 해야 할 일은, 여러분의 삶 속에서 오전에 정의했던 것처럼 여러분에게 권한의 모범을 보여준 사람을 떠올리는 것입니다. 그 대상은 선생님, 운동 코치, 부모, 배우자, 상사 등 누구라도 상관없습니다. 여러분의 인생에서 권위의 본보기가 된 사람, 여러분이 믿고 따를 수 있는 사람을 생각하시기 바랍니다."

나는 10여 년 전에 돌아가신 어머니를 떠올렸다.

"이제 여러분의 파트너와," 시몬 수사의 지시가 뒤따랐다. "그 사람의 성격적 특성을 목록으로 작성하십시오. 그저 쇼핑 목록처럼 작성하시면 되고, 파트너와 그 내용을 취합하십시오. 그런 후에 두 분이 함께, 여러분의 인생 경험에 비추어 권위 신장에 필요하다고 생각되는 특징에 대해 세 가지에서 다섯 가지 정도 정리하시기 바랍니다."

내게 이런 연습은 매우 쉬웠다. 그만큼 어머니는 내 인생에 지대한 영향을 미쳤다. 그리고 가능하면 기쁜 마음으로 어머니의 전철을 밟고 싶었다. 나는 재빨리 '인내, 헌신, 친절, 배려, 신뢰'라고 적고, 킴에게 메모를 건넸다.

그런데 킴의 목록이 내가 쓴 것과 거의 흡사한 것을 발견하고는 상당히 놀랐다. 킴이 생각한 대상은 자신의 삶에 중대한 영향을 미친 고등학교 선생님이었다.

차트로 다가간 수사는 각 그룹에게 목록을 발표하도록 하였다. 킴과 더불어 나는 또 한 번 놀랐다. 각 그룹의 목록이 매우 유사했기 때문이었다. 각 집단이 작성한 상위 10개 항목은 다음과 같았다.

① 정직, 신뢰
② 바람직한 역할 모델
③ 배려
④ 헌신
⑤ 경청하는 자세
⑥ 상대방의 업무를 후원하는 자세
⑦ 상대방을 존중하는 자세
⑧ 상대방을 격려하는 자세
⑨ 긍정적, 열정적 자세
⑩ 인정

시몬 수사가 차트에서 물러섰다. "훌륭합니다, 정말 훌륭합니다. 이 목록들은 서로 비교한 다음 나중에 각자에게 돌려드리도록 하겠습니다. 그리고 지금은, 여러분의 목록에 대해 두 가지 질문을 드리도록 하겠습니다. 첫 번째 질문은, 권위를 형성시키는 이러한 특징들 중에서 선천적으로 타고나는 경우는 몇 가지나 되느냐는 것입니다."

모두가 생각에 잠겨 있을 때 킴이 대답했다. "하나도 없어요."

그러자 하사관이 반대 의견을 내세웠다. "내 생각은 다릅니다. 긍정적이고 열정적이며 감사할 줄 아는 태도는 선천적인 것이라고 생각합니다. 나는 절대 그런 부류는 아니고, 또 특별히 그런 태도를 가지고 싶은 생각도 없습니다."

"아, 그래요? 하지만 내가 큰돈에 맞먹는 가치를 부여한다면 당신도 그런 사람이 될지도 모르는 일이오." 목사가 하사관의 말에 반대하고 나섰다.

"그게 무슨 소리요, 목사?" 하사관은 곧바로 응수하였다.

"앞으로 6개월간 당신이 부하들을 좀 더 긍정적이고 열정적이며 감사하는 태도로 대한다면 내가 2만 5천 달러의 보너스를 당신에게 준다고 가정합시다. 그래도 당신은 부하들에게 당신 표현대로 '엿 같은' 행동을 하게 될까요?"

주위의 소리 죽인 비웃음 속에 하사관은 머리를 낮추고 끄덕이며 말했다. "무슨 말인지 알겠소, 목사."

수사가 그를 구원하듯 말을 꺼냈다. "여러분이 작성한 모든 특징은 행동을 의미합니다. 그리고 행동이란 선택의 문제입니다. 두 번째 질문은, 10가지 특징 또는 행동 중에서 최근 여러분의 삶에서 실천하고 있는 것은 몇 가지나 됩니까?"

"전부입니다." 테레사가 대답했다. "정도의 차이지만 우리는 모든 항목과 관계되어 있다고 생각합니다. 다만, 어떤 항목은 다른 항목에 비해 자주 사용되고 있고, 또 어떤 항목은 매우 미약하지만 실생활에 적용하고 있다고 생각합니다. 전 비록 과거에는 남의 이야기에 관심을 두지 않았을는지도 모르겠지만 현재는 경청하기 위해 노력하고 있고, 또 과거에는 솔직하지 못했을지언정 현재는 내 가족과 솔직한 관계를 맺고 있습니다."

"훌륭하군요, 테레사." 수사는 미소를 머금고 말했다. "이러한 특징은 유년기에 이미 계발되어 습관화되기도 합니다. 그리고 일부 습관 또는 성격적 특징은 점점 발전하여 더 높은 수준으로 성숙하기도 하고, 또 일부는 청년기와 별다른 변화 없이 유지되기도 합니다. 리더에게 필요한 것은 리가 말한 2만 5천 달러의 값어치에 버금가는 특징을 습득하는 것입니다. 우리의 습관과 성격, 그리고 우리의 본성을 계발하기 위해 노력해야 합니다. 이것은 선택의 문제면서도 상당한 노력이 필요합니다."

"누구도 본성을 바꿀 수는 없어요." 그렉이 반항하듯 대꾸했다.

"진정하세요, 그렉. 아직 제 이야기가 끝난 게 아닙니다." 수사는 그렉을 향해 윙크를 던지며 대답했다.

관계를 유지하는 가장 중요한 요소는 '신뢰'다

"신뢰는 신뢰할 만한 대상에서 비롯됩니다."

오후의 휴식을 끝낸 우리는 나머지 시간을 인간 관계의 중요성을 논의하는 데 할애했다.

수사가 말했다. "단순히 말하자면, 리더십이란 사람들을 활용하여 뭔가를 성취하는 것과 관련된 것입니다. 사람들과 더불어 일을 하거나 또는 그들을 통해 뭔가를 성취하려 할 때는 필연적으로 두 가지 역학관계가 존재합니다. 즉, 직무task와 관계relationship가 그것입니다. 리더가 흔히 범하는 오류는 이 두 가지 중 어느 한 가지에만 집착하여 균형을 상실할 수 있다는 점입니다. 예를 들어, 인간 관계를 무시하고 직무의 수행에만 초점을 둘 경우 어떤 징후가 나타날까요?"

"그건 간단해요." 수간호사인 킴이 대답했다. "우리 병원에서 자주 업무 교체를 명령하는 부서장들을 살펴보면 되죠. 아무도 그 사람들과 일하고 싶어 하진 않거든요."

"맞습니다, 킴. 만일 인간관계를 무시하고 직무에만 초점을 둔다면, 이직移職과 반항심, 취약한 업무 능력, 업무 집중도와 신뢰도 하락 및 다른 여러 가지 바람직하지 못한 징후를 유발하게 됩니다."

"맞습니다." 이런 말을 하는 내 스스로가 놀라웠다. "최근 제가 일하는 회사에서는 또다시 노조운동이 활발히 진행되고 있는데, 이런 현상은 그동안 우리가 직무에만 관심을 두었기 때문일 것입니다. 제가 강조한 것은 늘 수익뿐이었고, 따라서 인간관계에 문제가 생긴 것이겠죠."

"하지만 직무도 중요한 것입니다." 하사관이 지적했다. "직무를 이행하지 않는다면 우리들 중 누구도 오랫동안 직장 생활을 하기는 불가능할 것입니다."

"옳습니다, 그렉." 수사가 동의했다. "리더가 직무의 성취와는 무관하게 인간관계에만 관심을 가지고 있다면, 효율적인 리더십이 아니라 애보기baby-sitting에 능숙한 사람이라는 표현이 더 적당할 것입니다. 리더십의 핵심은 '바람직한 관계를 유지하면서 빠른 시일 내에 직무를 성취하는' 것입니다."

갑자기 한 가지 생각이 떠올랐다. "저 역시 그 점에 동의합니다. 그러나 최근, 리더의 직책으로 승진한 사람들의 전부는 아닐지라도 상당수는 그들의 기술력이나 직무 지향적 능력 때문에 발탁됩니다. 이런 경우는 업계 전반적으로 자리잡은 위험 요소이며, 저는 그 문제를 수없이 경고한 바 있습니다. 저희 회사에서는 지게차 운전에 능숙한 사람을 주임에 임명한 덕분에 지금 두 가지 문제에 직면해 있습니다. 즉, 형편없는 사람을 주임으로 승진시킨 것과 능숙한 지게차 운전사를 잃은 것이죠! 그리고 이런 불합리한 풍조 때문에 직무나 기술 지향적인 사람들만이 리더의 대부분을 차지하게 되었습니다."

"일리 있는 말씀입니다, 존. 앞서도 이야기했지만 권력이 인간관계를 기초로 하기는 어렵습니다. 이제 다른 질문을 드리겠습니다. 여러분의 일터에서는 과연 리더십이 중요한 역할을 하고 있습니까? 인생이 하느님과 자기 자신 그리고 다른 사람들과 관계되어 있다는 사실을 깨닫는 데 저는 엄청난 시간을 들였습니다. 그리고 이 경우는 기업에서도 마찬가지입니다. 사람이 없다면 기업도 존재할 수 없기 때문이죠. 건강한 가족, 건강한 팀, 건강한 교회, 건강한 기업, 그리고 건강한 삶은 건강한 관계에 기초합니다. 그리고 뛰어난 리더는 곧 건강한 관계에 능숙한 사람들이죠."

"조금 더 구체적으로 말씀해주시겠어요, 수사님?" 코치가 물었다. "저는 평소 기업이란 벽돌과 모르타르, 기계로 이루어진 것으로 생각했습니다. 그런데 수사님께서 말씀하시는 관계란 도대체 무슨 의미입니까?"

"건강하고 발전적인 기업을 위해서는 조직의 CEOS 사이에 건강한 관계 형성이 필요합니다. 여기서 CEOS란 최고경영자Chief Executive Officer가 아니라, 고객Customers, 직원Employees, 소유주Owners 또는 주주Stockholders, 그리고 공급자Suppliers를 말합니다. 예를 들어, 고객이 우리를 저버리고 경쟁사로 발을 옮긴다면 우리와 그들과의 관계에 심각한 문제가 있음을 의미합니다. 즉, 그들의 욕구를 우리가 제대로 파악하지 못하고 적절히 충족시키지 못했기 때문이죠. 그리고 여기서 주목해야 할 점은, 우리가 충족시키지 못한 고객의 욕구를 다른 누군가는 충족시킨다는 사실입니다."

내가 나섰다. "맞습니다. 고객을 확보하고 접대하면서 그들의 주문을 접수하던 시대는 지났다고 봅니다. 지금은 품질과 서비스, 그리고 가격경쟁의 시대입니다."

수사가 내 말에 동의했다. "정확한 표현입니다, 존, 고객의 욕구를 충족시키는 것…… 동일한 원칙이 직원들에게도 적용됩니다. 불안정하고 이직률이 높은 직원, 파업, 사기 저하, 낮은 신뢰도, 일에 전념하지 않는 직원 등은 모두 그릇된 관계의 징후입니다. 직원들의 당면 욕구가 충족되지 않고 있는 것이죠."

순간 공장에서의 조합운동이 관리상의 문제라고 말하던 상사가 머릿속에 떠오르며, 다시는 그의 말을 믿지 않기로 다짐했다.

"좀 더 자세히 살펴봅시다. 소유주나 주주들의 욕구를 충족시키지 못하는 경우에도 기업은 심각한 문제에 봉착하게 됩니다. 주주들은 투자한 내용에 따른 수익의 공정한 분배를 원합니다. 그런데 조직에 대한 그들의 욕구를 충족시키지 못한다면 결코 그들과 바람직한 관계를 형성하고 있다고는 할 수 없겠죠."

목사의 말이 뒤따랐다. "옳습니다, 시몬 수사님. 주주들과의 관계가 불편하다면 그 조직은 오래가기 힘듭니다. 저는 오래전 애리조나 주의 한 거대 휴양지 관리 책임자로 근무할 때 그 사실을 경험했습니다. 당시 우리 모두는 즐거운 마음으로 일했지만 수익에 대해서는 그다지 큰 관심을 두지 않았습니다. 그런데 어느 날 아침 전화가 걸려오더군요. 저는 곧바로 실직을 당했고 신학교로 향했지요."

수사가 다시 말을 이었다. "동일한 원칙이 우리의 공급자들 — 그들이 우리 조직에 대해 기여하는 부분이 기계 부품이건 서비스이건 아니면 자금지원이건 간에 — 과의 관계에서도 적용됩니다. 공급자와 고객 사이의 건설적인 관계는, 어떤 조직이든 장기간 유지되기 위해서는 필수적인 요소입니다. 요약하면, 고객과 직원, 소유주, 공급자CEOS와의 관계가 건강할수록 바람직한 기업이 보장되는 것입니다. 효율적인 리더는 이러한 단순한 원칙을 간과하지 않습니다."

그러나 하사관은 수사의 말에 수긍하지 않았다. "하지만 수사님은, 군인이든 직원이든 아니면 다른 누구든 간에 궁극적으로 그들을 기쁘게 하는 요소가 무엇이라고 생각하십니까? 제 생각에 정답은 '돈' 입니다."

"물론 돈도 중요한 요소입니다, 그렉. 급여란 것은, 접어두고 생각할 수 없을 만큼 대단히 중요한 요소임에 틀림없습니다. 하지만, 직원들이 조직으로부터 원하는 것이 무엇인지에 대해 지난 수십 년간 국내에서 시행된 여러 연구에서는, 돈이란 늘 네 번째 아니면 다섯 번째 순위를 차지하는 일관된 결과를 보여주었습니다. 그리고 존중받는 것, 조직의 발전에 기여하는 것, 자신의 가치를 인정받는 것 등이 돈보다는 항상 높은 순위를 차지했지요. 그러나 안타깝게도, 대부분의 리더들은 이러한 연구 결과를 신뢰하지 않았습니다."

목사가 뭔가를 생각하는 듯 어색한 몸짓을 하더니 마침내 입을 열었다. "이 나라의 결혼 풍토에 대해 생각해보면 될 것 같습니다. 수사님이 조직이라고 말씀하시는 그러한 파트너십의 거의 절반이 실패했습니다. 그렇다면 그 실패의 가장 주된 이유는 무엇이겠습니까? 돈과 재정적인 문제 때문일까요? 여러분 중에 이 의견에 동의하시는 분 있습니까? 그건 마치, 가난한 사람들은 행복한 결혼생활을 할 수 없다는 것과 마찬가지 아닙니까! 말도 안됩니다. 제가 수년간 상담한 부부들의 경우를 생각해보면, 돈이란 사람들에게 문제가 발생했을 때 비로소 지적되는 요소입니다. 왜냐하면 돈이란 만져볼 수도 있고 움켜잡을 수도 있기 때문이죠. 하지만 문제의 뿌리는 항상 취약한 관계에서 자리하고 있었습니다."

"훌륭한 지적입니다." 내가 끼어들었다. "최근 우리 공장에서의 노조운동이 진행되는 동안, 모든 사람들이 문제의 원인이 돈에 있다고 했고 저 역시 그런 줄로 알았습니다. 그렇지만 노조에 대응하기 위해 고용한 컨설턴트는 돈이 문제가 아니라고 주장했어요. 그리고 문제는 그들과의 관계에 있다고 강조했지만 저는 그 말을 신뢰하지 않았습니다. 그가 옳았는데도 말이죠."

교장이 질문을 던졌다. "수사님, 조직과 인생에서 관계란 것이 그렇게 중요하다면, 그리고 제가 그 의견에 동의한다고 가정한다면, 성공적인 관계 형성에 가장 중요한 요소는 무엇이라고 생각하세요?"

"좋은 질문입니다, 테레사." 수사가 거침없이 대답하였다. "정답은 간단합니다. 신뢰입니다. 신뢰할 수 없다면, 바람직한 관계의 형성이 불가능하시는 않더라도 매우 어려울 수밖에 없습니다. 신뢰란 서로의 관계를 연결하는 접착제와 같습니다. 만일 이 원칙에 동의하지 않는다면, 여러분 스스로에게 다음과 같은 질문을 던져 보십시오. 여러분은 신뢰할 수 없는 사람들과 바람직한 관계를 맺고 있습니까? 그런 사람들과 토요일 저녁에 기꺼이 식사를 함께하겠습니까? 기본적인 신뢰가 형성되지 않는다면 결혼생활은 파경을 맞이하고, 가족은 해체될 것이며, 조직은 쓰러지고, 국가는 붕괴될 것입니다. 그리고 신뢰는 신뢰할 만한 대상에서 비롯됩니다. 앞으로 여기에 대해 더 상세한 이야기를 나누도록 하겠습니다."

Leadership

> **내가 애초에 훌륭한
> 상사, 아빠, 남편, 코치가 되기 위해
> 이 피정에 '참여' 하게 된 책임의식에
> 대해 생각하였다**

10월의 첫 번째 일요일 첫 시간에 우리는 여러 가지 이야기를 나누었다. 그리고 회상해볼 때 가장 기억에 남는 것 또한 이 시간에 논의된 것들이었다. 나는 수많은 생각과 감정이 교차하여 그 하루를 마무리할 수가 없었다. 그리고 내가 애초에 훌륭한 상사, 아빠, 남편, 코치가 되기 위해 이 피정에 '참여' 하게 된 책임의식에 대해 생각하였다. 그리고 내가 가진 지위에 따른 권력과 그 책임이 나를 힘겹게 하였다. 우울한 마음과 피로에 지친 나는 그날 밤 잠의 나락으로 혼곤히 빠져들었다.

둘째날
낡은 패러다임과 새로운 패러다임

The Servant Leadership

스스로 방향을 수정하지 않는다면, 이끌리는 대로 향할 뿐이다.
중국 속담

첫 번째 개인 특강 : 새로운 시작에 관하여

"새로 시작하기에는 지금이 더없이 훌륭한 상태입니다."

새벽 4시 45분쯤 눈을 떴지만 도무지 일어나고픈 생각이 없었다. 하지만 시몬 수사가 예배당에서 기다리고 있으리라는 생각에 몸을 끌다시피 안락한 침대를 벗어나 얼굴에 몇 번 물을 끼얹고는 그를 만나러 나섰다.

시몬은 다섯 번의 미사와 기도 시간 내내 앉았던 그 자리에 있었다. 나를 보자 그가 손을 흔들었고 나는 그의 옆자리에 앉았다.

"이렇게 이른 시간에 저 때문에 일찍 일어나게 해서 죄송합니다." 내가 미안한 표정을 지었다.

"천만에요. 저도 조금 전에 도착했어요, 존. 당신과 시간을 보낼 수 있어 저도 즐겁습니다. 그런데 어제 수도원장님께 당신과 함께 아침식사를 해도 되는지 물었지만 아직 답변을 듣지는 못했습니다. 대신 5시 30분 미사 전에는 대화 시간을 가져도 좋다는 허락을 받았고 저는 그 사실에 감사하고 있습니다."

'무척이나 고맙기도 하겠군.' 속으로 생각했다.

"자, 존, 그동안 어떤 것을 느꼈습니까?"

"여러 가지죠." 내가 심드렁하게 대답했다. "특히 권력과 권위에 대한 내용이 상당히 흥미로웠습니다. 그런데 수사님, 어제 제가 킴의 이야기를 듣지 않았다는 것을 정말로 알고 계셨습니까?"

"물론이죠, 존. 당신이 남의 이야기에 주의를 기울이지 않는다고 느꼈습니다."

"정말 그랬어요?" 나는 스스로를 옹호하듯 물었다. "저는 저 스스로가 남의 말을 잘 경청하는 사람이라고 생각하고 있었습니다."

"어제 아침 우리가 방에서 이야기할 때, 당신은 제 말을 적어도 세 번 이상 끊었습니다. 지금 저는 당신을 이해할 수 있지만, 만일 당신이 부하직원들의 의견을 그처럼 무시했을 때 그들이 어떤 느낌을 받을지 의문스럽군요. 당신의 그런 바람직하지 못한 습관에 대해 아무도 조언해주지 않았나 보죠?"

"예, 사실은······." 거짓말을 했다. 레이첼이 내게 토로한 가장 큰 불만 중의 하나가 바로 상대방의 이야기를 끝까지 들어주지 않는다는 것이었다. 그리고 그런 내 습관이 아이들에게는 좌절감을 심어주었다. 레이첼은, 그런 내 행동 때문에 직장에서 누구도 내 앞에서는 이야기하고 싶어하지 않을 것이라고 주장하곤 했다. 그런데 직장에서 딱 한 번 그런 나의 습관을 비난한 사람이 있었다. 그는 경쟁사로 이직하기 위해 사표를 제출하려고 나와 대화를 나누던 어느 생산 관리자였다. 그는 나더러 자기가 만나본 사람 가운데 남의 이야기를 듣지 않는 최악의 인물이라고 하였다. 하지만 나는 그 말에 그다지 신경쓰지 않았다. 그 사람처럼 쉽게 체념하고 조직을 배신하는 인물이 알아봐야 얼마나 알겠는가, 하고 비웃었을 뿐이었다.

"존, 당신이 그처럼 남의 말을 중간에서 잘라버리면 나쁜 인상을 심어주게 됩니다. 첫째, 당신이 제 말을 끊고 머릿속으로 대답할 내용을 이미 준비했다면 결국 제 말에는 전혀 관심이 없다는 것을 의미합니다. 둘째, 당신이 제 이야기를 들을 시간조차 거부한다는 것이므로 곧 저와 제 생각에는 아무런 가치를 두지 않겠다는 뜻이며, 마지막으로 당신이 말하려고 하는 것이 제가 말하려고 하는 것보다 훨씬 중요하다고 주장하는 것과 다를 게 없습니다. 존, 이런 경우는 리더로서는 결코 바람직하지 못한 습관입니다."

"하지만 제 생각은 조금 다릅니다, 수사님." 내가 반박했다. "저는 수사님에 대해 무한한 경외감을 가지고 있습니다."

"당신의 생각은 행동과 일치해야 합니다, 존."

"좋습니다. 노력해보죠." 나는 주제를 바꾸기 위해 재빨리 대답했다.

"당신에 대한 이야기를 해보면 어떨까요?" 수사는 내 마음을 읽었는지 이렇게 말했다.

나는 5분에 걸쳐 살아온 날들을, 다른 5분 동안은 '시몬의 우연'

과 내가 꾸었던 꿈에 대해 이야기했다.

시몬은 내 이야기 말고는 세상의 어떤 일에도 관심이 없다는 듯 주의깊게 귀를 기울였다. 그는 내 눈을 똑바로 쳐다보면서 가끔씩 이해한다는 듯 고개를 끄덕였지만, 내 말이 끝날 때까지 단 한 마디도 입 밖에 내지 않았다.

잠시 시간이 흐른 뒤 수사가 입을 열었다. "개인적인 이야기를 해주셔서 고맙습니다, 존. 대단히 흥미로운 이야기군요. 저는 사람들의 인생에 큰 관심을 가지고 있습니다."

"뭐 별다르게 특별한 것도 없는 걸요." 내가 시큰둥한 목소리로 말했다. "그런데 시몬의 우연에 대해서는 어떻게 생각하십니까?"

"아직 뭐라 말씀드리기가 어렵습니다, 존." 수사가 목을 문지르며 말했다. "하지만 그 사건들에는 뭔가 연관성이 있다고 한 당신 아내의 생각에 저도 동의합니다. 인간의 무의식이나 꿈은 미처 인식하지 못한 사실들을 예견하는 경우가 있지요."

"제 생각도 그렇습니다."

"그렇다면 존, 이번 주에 제가 어떤 식으로 도움을 드리면 될까요?"

"가능하면 수사님의 머리를 통째로 빌리고 싶습니다. 최근 저는 여러 가지 문제들로 고민에 빠져 있고 마음에도 여유가 없습니다. 세상에는 누구나 원하는 것들을 소유하고, 만족감과 행복감에 젖어 있는 사람이 있을 것입니다. 하지만 말씀드린 대로 저는 이런 부류와는 거리가 멉니다."

"존, 오랜 시간이 지난 다음에야 저는 사람에게 기쁨을 가져다 주는 것이 물질이 아니라는 사실을 깨달았습니다." 그는 불변의 진리를 거론하듯 말했다. "주위를 둘러보세요. 인생에서 가장 큰 기쁨은 바로 자유입니다."

"정말 그렇게 생각하십니까, 수사님?"

"깨어 있는 사람들을 생각해봅시다. 그들은 사랑과 결혼, 가족, 친구, 자식, 손자, 일몰, 일출, 달빛, 반짝이는 별빛, 어린 아기, 촉각, 미각, 후각, 청각, 시각, 건강, 꽃, 호수, 구름, 성교, 결단력 등 그 모든 것, 심지어는 인생 그 자체에 대해서도 자유롭습니다. 그들은 곧 자유인인 것입니다."

몇몇 수도사들이 줄지어 예배당으로 들어서는 것을 보고 우리의 대화 시간이 마무리되고 있음을 알 수 있었다.

"이번 주 저는 수사님으로부터 뭔가를 배워야 합니다. 그것이 무엇인지는 모르겠지만 아무튼 열심히 배우겠습니다. 저는 분명히 예전의 모습으로 돌아가야 하고, 그래야 직장이나 가족을 잃는 불상사를 막을 수 있습니다. 그런데 솔직한 말씀이지만, 저는 여기서 나아지기보다는 오히려 더 나빠지는 것 같습니다. 수사님의 이야기를 듣고 있으면 점점 더 궤도를 이탈하는 것 같습니다. 그리고 이렇게 무기력한 것도 처음입니다."

"지금이 새로 시작하기에는 더없이 훌륭한 상태입니다." 시몬이 답했다.

패러다임이란 삶의 방식을 조율하는 의식의 지도 mind map 이다

"외부 세계는 우리가 가진 패러다임을 거쳐 의식 속으로 들어옵니다. 그런데 우리의 패러다임이 항상 올바른 것은 아니라는 것을 명심해야 합니다."

월요일 아침 시계가 9시를 알리고 있는데도 강의실은 여전히 분주했다.

수사는 미소 띤 얼굴로 주위를 둘러본 후 부드러운 목소리로 말했다. "아마 여러분 중에는 어제 논의한 원칙들 때문에 고민하는 분도 있을 것입니다."

"아니, 누군들 안 그렇겠어요!" 하사관이 전체를 대변하듯 목청을 높였다. "여기 이 동화 속의 나라에서 하고 있는 얘기들은 그동안 현실세계에서 우리가 배운 것과는 판이하게 달라요."

목사가 고개를 저으며 말했다. "아니 '우리' 라니, 누가 우리라는 거요? 아마도 당신의 낡은 패러다임이 도전을 받고 있는 모양이지, 군인 양반?"

"패러다임이라니? 그게 뭐요, 목사?" 하사관이 성을 내며 되받았다. "성경에서 따온 말이요?"

시몬이 나섰다. "패러다임, 적절한 표현입니다. 쉽게 말하면, 패러다임이란 삶의 방식을 조율하는 일종의 심리적 유형, 모델 또는 의식의 지도mind map라고 할 수 있습니다. 패러다임이 적절할 경우에는 삶을 유익한 방향으로 이끌지만, 우리의 패러다임이 불변하는 존재라든가 그것만이 진실이라고 생각하는 경우, 또는 삶과 더불어 주어지는 다양한 정보와 변화의 기회를 걸러버린다면 오히려 위험을 초래할 수도 있습니다. 지나간 패러다임에 집착한다면 세상은 변화하고 있음에도 자신은 고착된 인생을 살 수 밖에 없는 것이지요."

하사관이 말했다. "오, 이제 이해가 가네요. 그러니까 내가 가진 패러다임은 수도사들과 수도원에서 바라는 그런 것과는 절대 어울릴 수 없다, 이겁니까? 나를 여기 보낸 상사에게 감사해야겠네요. 그런 패러다임이 이곳에서 일주일 동안 생활하면서 고상한 것으로 바뀌게 될 테니까 말입니다!" 하며 그가 눈동자를 굴렸다.

모두가 웃었고, 특히 시몬은 폭소를 터뜨렸다.

"고마워요, 그렉. 제 생각에도 좋은 결과가 있을 것 같습니다," 수사가 미소 띤 얼굴로 대답했다. "대단히 위험한 패러다임의 일례로, 학대하는 아버지와 생활하는 어린 소녀가 가지게 될 세계관에 대해 얘기해봅시다. 그 소녀는 성인 남자들은 믿을 수 없다는 패러다임을 가지게 될 것이고, 따라서 그녀의 아버지가 걸어왔던 인생을 혐오하게 될 것입니다. 더구나 그녀가 성장함에 따라 그러한 패러다임은, 남자를 바라보는 데 심각한 장애를 유발할 것입니다."

"이해가 갑니다." 간호사가 말했다. "소녀의 패러다임은, 모든 남자는 신뢰할 수 없다는 것이죠. 실제로는 일부 남자들만이 그러하다는 패러다임이 바람직한 것인데도요. 따라서 악마 같은 아버지와 생활하면서 만들어진 패러다임 모델이 부적절하게 투영되어 결국 그녀가 성인으로 생활할 때까지 영향을 미친다는 것이죠."

"그렇습니다, 킴." 시몬의 말이 이어졌다. "그래서 우리 자신과 우리를 둘러싼 세계, 우리의 조직, 또는 다른 사람들에 대한 우리의 패러다임을 지속적으로 계발할 필요가 있는 것입니다. 주목해야 할 점은, 외부 세계는 우리가 가진 패러다임을 거쳐 의식 속으로 들어온다는 것입니다. 그리고 우리의 패러다임이 항상 올바른 것은 아니라는 것이죠."

내가 덧붙였다. "어떤 책에서 읽었던 구절이 생각납니다. 우리는 세상을 있는 그대로 바라보는 것이 아니라 우리의 편의에 따라 해석한다는 내용이었어요. 세상이란 우리가 지닌 시각에 따라 다양하게 해석됩니다. 즉, 세상이란 내가 부자인가 가난한가에 따라, 또는 건강한가 그렇지 못한가, 젊은 사람인가 늙은 사람인가, 흑인인가 백인인가에 따라 다른 시각에서 바라보게 됩니다. 하물며 내 아내와 내가 세상을 바라보는 관점 역시 다르니까요."

교장이 말했다. "전 마크 트웨인이 했던 말을 인상깊게 생각합니다. 뜨거운 난로 위로 뛰어오르는 고양이 꼴이 되지 않으려면 매사의 경험으로부터 신중하게 교훈을 얻어야 한다는 것 말이죠. 그렇지 않으면 그런 경험이 있는 고양이처럼 뜨거운 난로 근처에 다시는 가지도 않겠지만, 더불어 차가운 난로조차도 겁을 내겠죠."

낡은 패러다임은 고인 물과 같지만 새로운 패러다임은 흐르는 강물과 같다

"우리 자신의 변화 없이 진화란 불가능합니다. 다른 사람을 리드할 자격이 있는 사람들은, 스스로 의문을 가지고 변화를 시도하는 용감한 정신을 가진 이들입니다."

"훌륭한 비유입니다." 수사가 특유의 미소를 지었다. "낡은 패러다임에 대해 생각해봅시다. 세상은 평평하다, 태양이 지구 주위를 돈다, 선한 사람만이 구원을 받는다, 여성은 투표할 수 없다, 흑인은 열등하다, 군주만이 국민을 다스릴 수 있다, 흰색 스파이크화는 축구장에서도 닳지 않는다, 긴 머리에 귀걸이는 오로지 여성만을 위한 것이다 등등 여러 가지가 있겠지요. 새로운 생각과 행동양식은 이교도, 악마, 또는 공산주의자의 패러다임으로 치부될 수도 있습니다.

낡은 패러다임을 바꾸는 데는 상당한 노력이 필요하며, 그 대안을 찾는 것도 마찬가지입니다. 세상은 너무도 빨리 변하고 있기 때문에 우리의 신념과 패러다임도 그에 발맞추어 진화해야 합니다. 그렇지 않으면 혼자 고립되거나 그보다 더한 상황에 처해질 수도 있지요."

코치가 말했다. "최근에는 지속적인 진화의 중요성이 더욱 부각되고 있습니다. 조직이 그 신념이나 행동양식을 변화시키지 않는다면 경쟁업체에 밀리거나 세상이 먼저 앞질러나가게 되겠죠. 그런데 변화란 사람들에게는 대단히 어려운 과정입니다. 변화가 그렇게 어려운 이유는 무엇이라고 생각하세요, 수사님?"

수사가 곧바로 대답했다. "변화는 사람들의 안정감을 훼손하고 무언가 색다르게 행동하도록 압력을 가합니다. 그리고 그 과정은 쉽지 않습니다.

생각을 바꾼다는 것은 곧 처해진 지위에 대해 다시 한 번 생각하게 하며, 따라서 불안감을 유발합니다. 사람들은 뭔가 새로운 것을 추진하거나 힘든 과정, 또는 불안한 마음을 인내하는 것보다는 자신만의 조그만 울타리에서 영원히 안주할 수 있기를 더 바라지요."

"그 울타리란 곧 무너질 판잣집과 다를 게 없어요." 교장이 힘주어 말했다.

코치가 나섰다. "지속적인 진화란 조직뿐만 아니라 직원들에게도 혹독한 시련임에 틀림없어요. 왜냐하면 그 안에서 영원한 것이란 아무것도 없거든요. 자연이 인간으로 하여금 태어나서 성장하거나 또는 죽어서 부패하도록 명령하는 것과 마찬가지로 말이죠."

수사가 덧붙였다. "사람들은 돈을 주고서라도 진화를 위한 아이디어를 구하려 하지만 실제로 '우리 자신'의 변화 없이 '진화'란 불가능합니다. 다른 사람을 리드할 자격이 있는 사람들은 바로 스스로 의문을 가지고 변화를 시도하는 용감한 정신을 가진 이들입니다."

교장이 다시 말했다. "조지 버나드 쇼가 이런 말을 했어요. '현명한 사람은 자신이 세상에 적응하지만, 어리석은 사람은 세상이 자신에게 적응하도록 고집을 부린다. 그래서 진화란 어리석은 사람들이 어떻게 하느냐에 따라 결정된다'고 말입니다."

"전 가끔씩 선수들에게," 코치가 말했다. "썰매를 끄는 개 중에서도 선두에 서야 한다고 말합니다. 그리고 세 가지 이유를 제시합니다. 첫째는 신선한 눈을 제일 먼저 밟을 수 있고, 둘째는 새로운 광경을 가장 먼저 바라볼 수 있으며, 셋째는 항상 남들의 꽁무니에 서서 세상을 바라보지 않아도 된다구요."

"고마워요, 크리스. 이제껏 들어보지 못한 이야기군요." 수사가 흡족한 표정을 보였다.

모두가 논의를 거듭하는 동안 수사는 차트로 다가가 낡은 패러다임과 새로운 패러다임의 사례를 적어나갔다.

낡은 패러다임	새로운 패러다임
• 무적의 미국	• 글로벌 경쟁시대
• 중앙집권식 관리	• 분권화된 관리
• 일본 = 시시한 제품	• 일본 = 고품질 제품
• 관리한다	• 리더십을 발휘한다
• 주관적 생각	• 원인과 결과
• 수구적 태도	• 지속적 진화
• 단기 수익	• 장단기 수익의 균형
• 노동자	• 협력자
• 변화를 회피하고 두려워한다	• 변화는 지속적인 과정이다
• 대충 그 정도면 된다	• 무결점주의

낡은 패러다임에서는 늘 주객이 전도된다

"모두들 고객보다는 상사의 비위를 맞추기에 급급합니다."

시몬 수사의 말이 계속되었다. "물론 우리는 조직 운영에 대해 낡은 패러다임을 가지고 있고 그러한 것들이 새 천 년까지 계속 이어질 수도 있습니다. 즉, 방금 말했던 소녀처럼 우리 역시 오래된 짐을 메고 부적절한 조직 패러다임을 가진 채 새로운 변화의 시대를 맞이할 수도 있는 것이죠. 그렇다면 오늘의 조직을 운영하는 데 필요한 지배적인 패러다임은 어떤 것일까요?"

늘 그랬듯이 하사관이 툭 튀어나왔다. "피라미드식 관리입니다. 하향식 관리 말이죠. 내 말대로 하라! 당신의 의견이 필요할 경우 나 또한 내 의견을 전달한다! 황금률에 따른 생활, 말하자면 '황금을 가진 이가 규칙을 만드는 것' 이죠."

"그렉, 당신은 자신의 패러다임에 굉장히 집착하는군요." 교장이 하사관의 말을 가로막았다. "그래서는 변화가 힘들 것 같은데요. 제가 생각하기에는, 신세대 리더들이나 베이비 붐 세대, 또는 X세대가 과거와는 뭔가 색다르게, 더욱 발전적으로 행동하리라 기대하지만, 실제로는 전임자들의 전철을 벗어나지 못하고 있어요."

천천히 걸어 차트에 다가선 수사가 말했다. "지금부터 피라미드식 관리 패러다임과 왜 그것이 이 나라에 관련되어 있는지 생각해 봅시다."

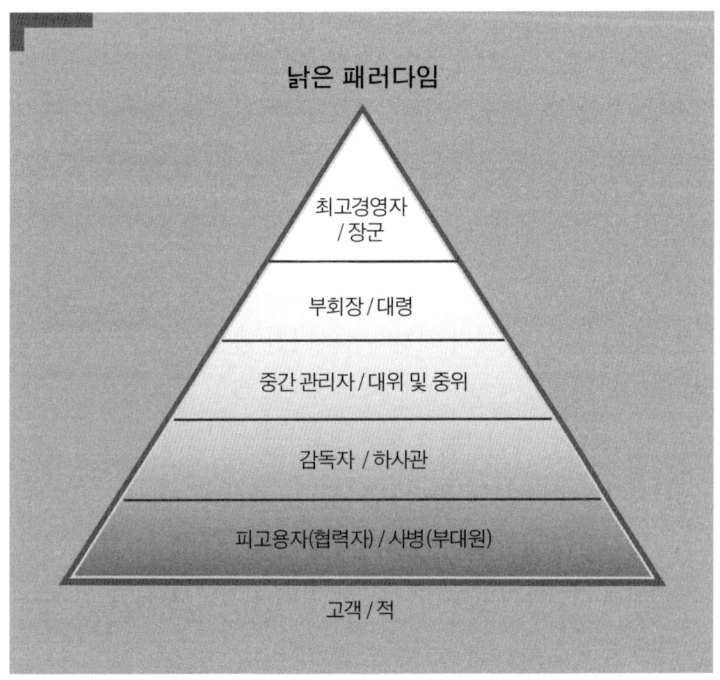

그는 커다란 삼각형을 그리고는 다시 다섯 부분으로 나누었다.
"하향식 피라미드 관리는 오래전 전쟁이 빈번하던 군주제 시절에서 비롯된 개념입니다. 군사조직을 예로 든다면, 맨 위에는 장군이 있고, 그 아래에는 대령과 그다음 계급, 그 아래에는 대위와 중위 등, 그리고 하사관이 있겠지요. 그러면 맨 마지막에는 어떤 계급이 위치할까요?"

"사병이요." 그렉이 말했다. "일선 부내원들은 사병으로서 최전방에서 근무한다는 것에 대단한 자부심을 가지고 있습니다."

"고맙습니다, 그렉. 그렇다면 적과 가장 가까운 곳에 있는 이들은 누구일까요? 장군일까요, 아니면 그렉이 말한 사병들일까요?"

"그야 당연히 사병들이겠죠." 코치가 대답했다.

수사는 각 계급 위에 전형적인 조직의 직위를 덧붙이며 말했다. "한 걸음 더 나아가 이 군사조직 모델을 오늘날의 조직과 견주어봅시다. 장군의 자리에는 최고경영자가 위치하고, 대령의 자리에는 부사장, 대위와 중위는 중간 관리자들, 하사관은 감독자들이 적당하겠죠. 이제 전형적인 조직의 말단에는 어떤 사람들이 위치할까요?"

"노동자들이요." 세 사람이 똑같이 대답했다.

"그게 아니죠." 목사가 설명을 곁들였다. "우리가 지금껏 논의해온 대로 이제는 그들을 협력자라고 불러야지요!"

"맞습니다, 리." 수사가 미소를 지었다. "그러면 이 모델에서 고객의 자리는 어디일까요? 누가 고객에게 가장 근접해 있을까요, 최고경영자 아니면 노동을 통해 제품을 생산하는 사람들일까요? 여러분이 답을 제시하기 바랍니다."

내가 말했다. "저희 회사 고문은, 공장에서 만들어진 유리 제품을 상자에 집어넣는 사람이 고객과 가장 근접한 사람이라고 했습니다. 다시 말하면, 저는 개인적으로 고객에 대해 알고 있고 때로는 그들과 점심식사를 함께할 수도 있지만, 고객에게 그보다 중요한 것은 제품 상자의 덮개를 열었을 때 어떤 물건이 그 안에 들어 있느냐 하는 것이지요. 그리고 그 물건을 마지막으로 손대는 사람이 바로 공장의 노동자들입니다. 따라서 저는 그들이 고객과 가장 근접한 사람이라고 생각합니다."

"맞아요. 기업의 임원들한테서 위에 있는 것이 외롭다는 이야기를 들은 적이 있어요. 하지만 다른 사람들은 모두 나가서 일을 해야 하니까 그럴 수밖에 없지 않나요!" 테레사가 불쑥 말했다.

"그렇다면 그 조직은 이와 유사한 모델을 가지고 있다고 할 수 있습니다." 시몬 수사가 차트를 향해 물러서며 말했다. "그런데 이 모델이 과연 오늘날의 조직을 운용하는 데 바람직한 모델 또는 패러다임이라고 할 수 있을까요?"

"한 가지 측면에서. 적어도 어떤 과제를 수행하는 데는 효과적인 모델이라고 생각합니다." 하사관이 약간 머쓱한 태도로 말했다. "과거 미국은 이 모델을 응용하여 여러 가지 문제들을 해결했습니다. 그리고 이 모델은 오랫동안 효율적인 것으로 생각되어왔지요."

"그럴까요?" 목사가 반론을 제기했다. "그건 아마도 목적을 달성하기 위해서는 맹목적으로 명령에 복종하는 강력한 하향식 체계가 효과적이라고 생각하던 시절에 이 나라가 이루었던 여러 업적을 바탕으로 한 자가당착의 해석이라고 보아야 할 것입니다. 그 당시 사람들은 기업이나 가정, 스포츠 팀, 교회를 비롯한 비군사적 조직을 운영하는 데는 이것이 최선이며 유일한 대안이라고 생각했겠지요."

"군사 모델이 전쟁에서 승리하는 데 가장 효율적인 것임에는 의심의 여지가 없습니다." 수씨가 고개를 끄덕이며 동의를 표시했다. "현재 저는 자유로우며, 오늘 이 자리에 설 수 있는 자유가 주어진 것에 대해 감사하고 있습니다. 그런데 아까 언급했던 학대받은 소녀의 경우처럼, 고향과 아이들을 지키는 데는 더없이 훌륭한 모델을 더 이상 그와 같은 효과를 거둘 수 없는 새로운 환경에 적용했을 때 과연 어떤 결과가 빚어질까요? 이 모델이 과연 지금의 세상에서도 효과를 거둘 수 있을까요, 아니면 더 나은 모델이 존재하는 것일까요?"

"사실은," 리가 다시 나섰다. "수사님이 제시한 차트를 보면서 적과 동일한 위치에 고객이 있는 것을 보고 어리둥절했습니다. 설마 조직이 고객을 적으로 본다고 생각하시는 것은 아니겠죠?"

"설마 그렇겠어요?" 킴이 되받았다. "하지만 이 하향식 관리 모델에는 조직이 고려해야 할 메시지가 담긴 것 같아요."

"메시지라니, 그게 뭔가요?" 내가 물었다.

"조직에서는 누구나 위를 바라본다는 사실입니다. 다시 말해,

그들의 관심은 고객보다는 상사에게 있다는 뜻이죠." 킴의 거침없는 답변이 이어졌다.

"훌륭한 지적입니다, 킴." 시몬이 킴을 칭찬하였다. "그리고 킴이 지적한 그 문제가 바로 하향식 사고 또는 하향식 패러다임의 문제라고 할 수 있습니다. 이런 예를 들어보죠. 제가 만일 여러분의 직원들에게, 물론 그들에게 협력자 또는 다른 명칭을 사용할 수도 있지만, '당신은 누구에게 만족을 주려고 일합니까?' 또는 '당신이 모시는 사람은 누구입니까?' 라고 물었을 때, 과연 그들 대부분의 입에서는 어떤 대답이 나올까요?"

내가 곧바로 답했다. "바라는 바는 '고객' 이지만 아마도 '상사' 란 대답이 대부분일 겁니다. 모르긴 해도 우리 공장의 직원들은 이런 식으로 대답할 것 같아요. '내가 이곳에 있는 이유는 상사의 행복을 위해서지요. 상사가 행복하다면 생활이 편하거든요.' 슬픈 현실이지만 대부분 그러리라고 생각됩니다."

"솔직한 말씀이군요, 존." 수사는 내게 감사를 표시했다. "제 경험 역시 그랬습니다. 현재 수많은 조직의 직원들은 먹이사슬, 즉 그들 상사의 비위를 맞추는 데 혈안이 되어 있습니다. 이처럼 모두가 상사에게만 관심을 두고 있다면, 고객에게 봉사하는 사람은 과연 얼마나 될까요?"

교장이 약간 난처한 표정을 짓더니 천천히 말문을 열었다. "정말 우습고도 슬픈 현실입니다. 피라미드를 뒤집어 고객이 맨 위에 위치하면 어떨까요. 그게 더 바람직하지 않나요?"

"일리 있는 말씀입니다, 테레사." 목사가 대답했다. "고객이 봉사와 관심의 대상이 아니라면 아마도 다음 세미나에서 우리가 할 수 있는 얘기는 많지 않을 것입니다. 머지않아 우리의 기업이 모두 몰락할 것이 자명하기 때문이죠."

새로운 패러다임의 핵심은 '존중하고 배려하는 것' 이다

"리더의 역할이란 바로 '봉사' 입니다."

수사가 다시 차트를 향하면서 말했다. "테레사의 견해에 따라 하향식 패러다임을 뒤집어 생각해봅시다. 그리고 과거의 한 지점 및 시점에서는 완벽했던 모델이 오늘날에는 적절치 않은 상황을 고려해 봅시다. 테레사가 지적했던 대로 삼각형을 뒤집어 고객을 맨 위에 위치시킨다면 어떨까요?

그렇게 한다면 앞서 거론했던 대로, 고객과 가장 밀접한 관계에 있는 사람은 최고경영자나 관리자가 아닌 일선 감독관 및 다른 이들의 후원을 받는 협력자나 직원일 것입니다. 아마도 새 모델은 이런 유형이 아닐까요?"

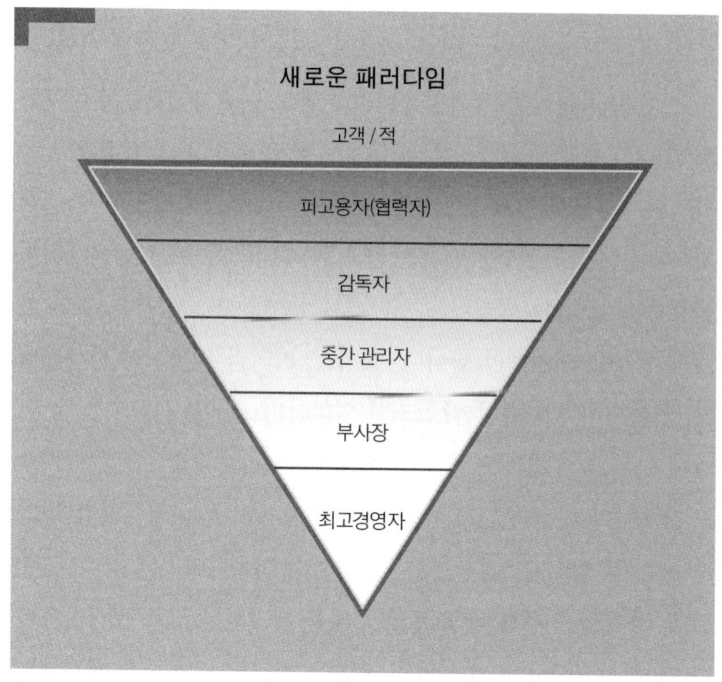

수사가 차트로부터 다시 한 걸음 물러섰다.

"그건 너무 이상적인 이야기 아닌가요, 수사님?" 하사관이 강력하게 주장했다. "수사님은 직원들이 마치 최상의 위치에서 기업을 이끄는 것처럼 말합니다. 하지만 그런 상황은 이론적으로만 가능할 뿐 전혀 현실성이 없다고 생각합니다."

"진정하고 제 얘기를 조금 더 들어보시죠, 그렉." 수사가 말했다. "고객을 맨 위에 두고 모든 초점을 고객에게 두는 조직을 가정해봅시다. 그리고 역피라미드 모델과 같이 일선 직원들이 진정으로 고객을 위해 봉사하고 그들의 욕구 needs를 충족시키는 기업, 그리고 일선 감독관들도 직원들을 고객과도 같이 관심 있게 바라보고 그들의 욕구를 규명하며 해결하기 위해 노력하는, 말하자면 각 하위단계가 상위단계를 후원하는 역피라미드 모델 말입니다. 그러기 위해서는 각 관리자에게는 새로운 사고방식 또는 패러다임이 필요하며, 리더의 역할이 하위단계를 통제하고 군림하는 것이 아니라는 것을 인지해야 합니다. 오히려, 리더의 역할이란 봉사입니다. 역설적이지 않습니까? 그러한 역피라미드 모델을 유지할 수 있다면 더욱 좋은 결과를 낳을 수 있지 않을까요?"

간호사가 나섰다. "저는 늘 부서 책임자들에게, 환자를 불편하게 하는 문제를 제거하는 것이 곧 그들의 임무라고 당부합니다. 예컨대, 환자들을 향해 난 도로의 둔덕을 제거하는 도로 관리자로서의 자세를 요구하죠. 수사님의 표현을 빌리면 장애물을 제거하는 것이 곧 사람들에게 봉사하는 의미 아닙니까?"

"맞습니다." 목사가 부연했다. "불행히도 장애물을 제거하기보다는 자신이 장애물 역할을 하는 관리자들이 너무 많습니다. 과거 직장 생활을 할 때 나는 골칫거리 감독자들을 '갈매기들' 이라고 부르곤 했어요. '갈매기' 란 주기적으로 이곳저곳을 날아다니며 쓸데없는 잡음을 만들고 사람들 사이에 괜한 문제를 일으키는 관리자를 말합니다. 그들은 식사만 해결되면 다른 곳으로 날아가버리는 갈매기와도 같은 존재들이죠. 아마도 여기 계신 분들은 모두가 그런 경험이 있을 것입니다."

"제 상사는 그보다 더해요." 간호사가 다시 나섰다. "그녀는 관리란 곧 '군림' 하는 것이라고 생각해요. 즉, 관리자는 비행기에서 커피를 제공하거나 화장실을 청소하는 일, 학교에서 학생들을 가르치거나, 일터에서 지게차를 움직이는 일 따위를 몸소 하지 않을 때 비로소 제품과 서비스에 연연하지 않을 수 있고, 따라서 '군림' 할 수 있다고 말합니다."

"'군림' 이나 '갈매기' 라는 표현이 잘못된 것인지는 저도 장담할 수 없군요." 수사는 빙그레 웃으며 답했다. "하지만 많은 리더들이 리더로서의 '책임' 보다는 '권리'에 연연하는 것은 부끄러운 일입니다."

내가 느린 어조로 말했다. "심지어 노조와의 협상에서도 회사나 노조 모두 '관리권'을 두고 불필요한 논쟁을 벌입니다. 한번은 우리 자회사의 노조 간부가 회의석상에서 이렇게 소리친 적도 있습니다. '차라리 오른손(관리권, rights)과 왼손(lefts)을 모두 가져가시죠!'"

"정오 기도 시간이 다 되었군요." 시몬이 미소 띤 얼굴로 말했다. "정리하면, 리더란 직원들의 욕구를 규명하고 충족시키며 여러 가지 장애물을 제거함으로써 고객에게 봉사할 수 있도록 돕는 사람입니다. 다시 말해서, 리드하기 위해서는 봉사해야 합니다."

"비현실적이야, 비현실적!" 하사관이 문을 나서며 낮은 소리로 웅얼거렸다.

아직도 마음을 열지 못한 '나'

"나는 예의상 거짓말을 둘러댔다."

점심식사 후 나는 오후 강의에 앞서 호숫가를 거닐며 잠시 산책 시간을 가졌다. 그렉은 나와 함께 산책을 하자고 했고 나는 예의상 거짓말을 둘러댔다. "그러면 저도 좋지요." 사실 그렉 같은 사람과 함께 산책하고픈 생각은 조금도 없었다.

몇 분간 침묵 속에 걷다가 그가 불쑥 물었다. "그동안 얘기한 권력과 권위, 그리고 쓸데없이 아무한테나 봉사하는 것에 대해 어떻게 생각하시오."

"아직 잘 모르겠어요. 그래서 뭐라 말하기도 곤란하고." 내가 대답했다.

"사실 그런 얘기가 현실에 적용되기는 쉽지 않을 거요. 내가 듣기엔 말도 안 되는 얘기 같소."

"나도 마찬가집니다." 하고 동의하듯 맞장구를 쳤다.

하지만 5분도 채 지나지 않아 그렉에게 거짓말을 하고 있는 나를 발견했다. 사실 수사의 견해는 내게 그다지 낯선 내용은 아니었다. 수사로부터 그 이야기를 들었을 때 나는 그것이 '진리'라고 생각했다.

해답은 욕망 wants 의 충족이 아니라 욕구 needs 의 충족에 있다

"사람들은 흔히 이 둘을 혼동하지요."

시계가 오후 강의를 알리며 두 번을 울렸을 때 참석한 모두는 이상할 정도로 침묵을 유지하고 있었다.

하사관이 먼저 입을 열었다. "나는 수사님이 과거 훌륭한 리더였다는 것을 알고 있고 또 그 점을 존경하고 있습니다. 하지만 수사님이 이룩한 업적이, 감독관들로 하여금 직원들이 원하는 바를 따르도록 하는 방식으로 얻어진 것이라고는 결코 생각할 수 없습니다. 죄송한 말씀이지만 내가 수사님과 같은 방식으로 관리를 한다면 아마 우리 팀은 무질서에 빠질 것입니다. 이상적인 세상에서는 수사님이 옳을지 모르지만, 현실 세계에서 사람들이 원하는 대로만 한다면 절대 목적을 달성할 수 없을 것입니다. 안 그런가요?"

"미안하지만, 그렉," 수사가 대답했다. "봉사자servant가 어떤 의미인지 아직 구체적으로 밝히지 않았습니다. 다만 리더란 직원들의 욕구needs를 규명하고 충족시키며 그들에게 봉사하는 사람이라고 했을 따름입니다. 하지만 리더가 직원들의 욕망wants을 규명하고 충족시키며 노예로서 행동해야 한다고 말한 적은 없습니다. 노예는 남의 '욕망'을 충족시키지만 봉사자는 그들의 '욕구'를 충족시킵니다. 욕망을 충족시키는 것과 욕구를 충족시키는 것에는 분명한 차이가 있습니다."

"그렇다면 그 차이를 어떻게 이해해야 합니까?" 그렉은 다소 누그러진 어조로 물었다.

수사는 바로 해답을 제시했다. "예를 들어, 부모로서 제가 자식들이 원하는 모든 행동을 용납한다면 과연 누가 우리 집에서 견뎌낼 수 있을까요? 거의 없을 겁니다. 아이들은 당신이 '무질서'라고 표현한 대로 집안을 난장판으로 만들 것이니까요. 이 경우에는 아이들의 욕망을 충족시킨 것이지 욕구를 충족시킨 것은 결코 아닙니다. 어른과 아이는 일정한 기준이 설정된, 경계가 지어진 환경을 필요로 하며 책임을 지니게 됩니다. 즉, 그들은 경계와 책임을 '원하는want' 것이 아니라 경계와 책임을 '필요로 하는need' 것입니다. 기강이 무너진 가정과 부서를 통해서는 아무런 결과도 얻을 수 없습니다. 직원들은 누구나 최고가 되고자 하는 욕구를 가지고 있으므로 리더는 결코 평범한 상태에 자신을 방치해서는 안 됩니다. 비록 직원들이 원치 않더라도, 리더는 '욕망'보다는 '욕구'에 더 큰 관심을 두어야 합니다."

신기하게도 말문이 터져 내가 말했다. "우리 공장의 직원들은 한결같이 시간당 20달러를 원합니다. 만일 회사에서 그와 같이 급여를 지불한다면 아마 몇 개월 지나지 않아 망하고 말 것입니다. 왜냐하면 우리의 경쟁사들은 상대적으로 더 저렴한 가격에 제품을 생산하게 될 것이니까요. 결과적으로 보면, 우리 회사는 직원들의 '욕망'을 충족시켰을지는 몰라도 안정적이고 장기적인 고용관계의 바탕이 되는 '욕구'를 반영하지는 못한 것이지요."

하사관이 덩달아 말했다. "맞아요. 정치인들이 갤럽 여론조사에 근거하여 정책을 결정하는 것만 봐도 그래요. 내 생각에 그들은 사람들의 기대를 대변하는 것이지 욕구를 반영하는 것은 아니라고 생각하는데요."

"그럼 욕구와 욕망은 어떻게 구별해야 해요?" 간호사가 물었다.

"욕망이란," 수사의 대답이었다. "물질적 또는 심리적으로 특별한 중요성이 없는 단순한 바람 또는 희망이라고 할 수 있습니다. 반면에 욕구란 인간의 행복을 위해 요구되는 물질적 또는 심리적 요구 조건이라고 할 수 있지요."

"좀 까다로운 문제 같은데요?" 킴이 물었다. "결국 사람들은 모두가 다른 존재이고 따라서 서로 다른 욕구를 가지는 것이 당연하지요. 비록 상대방으로부터 존경을 받는 것과 같이 보편적인 욕구도 있겠지만 말이죠."

"훌륭한 지적입니다, 킴." 내가 끼어들었다. "제 딸 사라는 유순한 아이인 데 반해 큰 아이인 존 2세는 고집이 대단한 아이입니다. 두 아이는 서로 다른 욕구를 가지고 있으므로 양육할 때도 두 아이의 개별적 욕구를 충족시키기 위해서는 서로 다른 방식으로 접근해야 했습니다. 직장에서도 마찬가지입니다. 신입 직원의 경우, 내 기대 이상으로 업무에 능숙한 20년 된 직원과는 다른 유형의 욕구를 가지고 있죠. 즉, 사람들은 저마다 서로 다른 욕구를 가지게 마련이며, 따라서 리더는 융통성 있는 사람이어야 한다고 생각합니다."

수사가 강조했다. "리더의 역할이 직원들의 욕구를 규명하고 충족시키는 것이라고 했듯이, 우리는 늘 이렇게 자문해야 할 것입니다. '내가 해결해야 할 직원들의 욕구는 어떤 것일까?' 이제 여러분은 어떤 곳이든 여러분 조직의 구성원들이 가진 욕구를 목록으로 만들기 바랍니다. 그러다가 막히는 부분이 있으면 여러분 스스로의 욕구는 무엇인지 자문하십시오. 그러면 계속 이어나갈 수 있을 것입니다."

'인간 욕구'의 마지막 단계는 '자아실현'이다

"최선의 자신을 만들어라, 짜증나는 광고에 삽입된 군가 같지 않소?"

그렉이 말했다. "그러면, 지게차 운전사에게는 잘 작동하는 지게차와 적절한 장비, 훈련, 자재, 충분한 급여, 안전한 작업환경 등이 필요하겠군요. 그 정도면 운전사가 만족할 수 있겠죠."

수사가 답했다. "적절한 사례입니다, 그렉. 그 정도면 운전사의 물질적 욕구를 만족시킬 수 있겠군요. 하지만 지게차 운전사에게는 반드시 충족되어야 할 심리적 욕구도 있다는 점을 잊어서는 안 됩니다. 심리적 욕구에는 어떤 것이 있을까요?"

내 생각에 이번 피정에 참여한 사람들 중에서 가장 똑똑해 보이는 간호사가 자리에서 일어나 차트로 다가가더니 또 다른 유형의 피라미드를 그렸다.

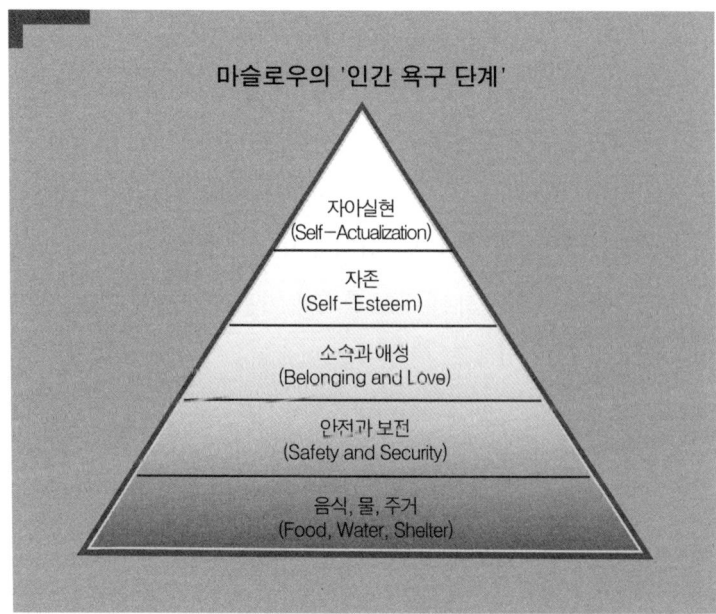

그녀가 말했다. "겸연쩍긴 하지만 제게 '전해진 것'이 있기 때문에 수사님의 질문에 답변을 하도록 하겠습니다."

"선생님의 수제자로군!" 내가 킴을 놀렸다.

"놀리지 마세요, 존. 용기를 내서 나왔으니까요." 그녀는 가벼운 미소를 머금은 채 뒤를 향했다. "대학시절 심리학 시간에 에이브러햄 마슬로우와 그가 창안한 인간의 욕구단계에 대해 배운 적이 있습니다. 그의 이론은 모두 다섯 단계로 구성되는데, 가장 아래에는 의식주衣食住의 욕구, 다음 단계로는 안전과 보전의 욕구, 이렇게 단계별로 구성됩니다."

간호사는 차트로부터 물러서며 이야기를 계속했다. "제가 기억하기로는, 상위 단계의 욕구가 동기로서 작용하기 위해서는 하위 단계가 반드시 먼저 충족되어야 합니다. 따라서 맨 하위 단계로서, 충분한 급여와 보상이 음식과 물, 주거의 욕구를 충족시킬 수 있다고 생각합니다. 그 위의 단계는 안전과 보전의 욕구로서, 직장으로 따지면 수사님이 말씀하신 대로 경계와 기준이 설정된 안전한 작업환경으로 볼 수 있겠죠. 이 단계는 마슬로우가 언급했던 것처럼 안전과 보전의 욕구를 충족시키는 데 필수적 요소인 일관성과 예측성을 가능케 합니다. 마슬로우는 결코 관대한 양육을 주장한 사람은 아닙니다."

"계속해요, 킴." 테레사가 그녀를 격려했다. "잘하고 있어요."

킴은 만면에 미소를 머금고 긴장이 사라진 듯 말을 이었다. "어쨌든 그와 같은 욕구들이 충족되면 다음에는 소속과 애정의 욕구가 동기로 작용합니다. 제가 기억하기로는, 소속과 애정의 욕구는 우호적이고 건전한 관계가 형성되어 있는 건강한 집단에 소속되고자 하는 욕구입니다. 다음으로는 자존自尊의 욕구입니다. 여기에는 가치와 존경, 감사, 격려, 인정과 보상 등에 대한 욕구가 포함될 수 있겠죠."

"맞아요. 똑똑한데요!" 하사관이 놀렸다.

간호사의 설명이 이어졌다. "이렇게 모든 욕구가 충족되면 이제 자아실현의 욕구가 남습니다. 이 단계를 정확히 규명하기 위해 많은 사람들이 고민을 했죠. 제 생각에 자아실현이란 스스로를 최선의 존재로 만들거나 만들 능력이 있는 경우라고 생각합니다. 모두가 기업의 회장이나 국가 대표 선수, 수석 졸업생 등이 될 수 있는 것은 아닙니다. 하지만 가능한 선에서 최고의 직원, 최고의 운동선수, 최고의 학생이 되는 것은 누구라도 가능합니다. 수사님의 견해를 빌리면, 리더란 직원들이 가능한 최고가 될 수 있도록 후원하고 격려하는 존재입니다. 지게차 운전사가 기업의 회장이 되기는 어려울 것입니다. 하지만 우리가 그를 후원하고 격려하여 최고의 지게차 운전사로 만들 수는 있겠죠."

"최선의 자신을 만들어라, 그거 괜찮은 말이군. 안 그렇소, 군인 양반." 목사가 하사관을 보고 히죽거렸다. "짜증나는 광고에 삽입된 군가 같지 않소? 아무래도 그렉을 위해 그 노래를 불러야 할 것 같군."

하루를 마감하면서 우리 모두는 군가를 열창하며 줄지어 행군하듯 문을 나섰다.

셋째날
리더십의 모델

The Servant Leadership

누구든 리더가 되고자 하면 먼저 봉사자가 되어라.
리드하기 위해서는 봉사하는 법부터 깨우쳐야 하느니라.

예수 그리스도

두 번째 개인 특강 : 견제와 조화에 관하여

"다른 사람의 의견에는 늘 그럴 만한 이유가 있습니다."

화요일 아침, 다섯 시가 약간 지나 예배당에 도착했을 때 시몬 수사는 의자에 앉은 채 나를 기다리고 있었다.

"좋은 아침입니다, 존." 그가 명랑하게 인사를 건넸다.

"죄송해요, 조금 늦었네요." 대답은 했지만 여전히 피곤함에 비틀거렸다. "수사님은 명랑하고 활기차 보입니다. 아침에 보통 몇 시에 일어나시죠?"

"일요일 아침 외에는 4시 15분쯤에 일어납니다. 그래야 첫 예배 전에 마음을 집중할 수 있거든요."

"제게는 거의 불가능한 시간이군요." 나는 머리를 저으며 말했다.

"존, 그동안 배운 것에 대해 말씀해보시겠어요?"

"모르겠어요, 수사님. 전 그렉 때문에 상당히 예민해져 있습니다. 그래서 집중이 잘 안 돼요. 그 친구는 매사에 도전적인 것 같습니다. 아마도 군대에서 받은 훈련이나 그 비슷한 것 때문이겠죠. 수사님께서 따끔하게 혼을 내시거나 강의를 방해하지 말고 떠나라고 하면 안 되나요?"

"전 오히려 그렉과 같은 사람이 제 강의에 침석하도록 기도합니다."

"정말로 그와 같은 사람들을 '기대' 하십니까?" 내가 미심쩍어 하며 물었다.

"물론입니다. 기업을 운영하던 시절 저는 한 친구로부터 반대 의견이 왜 필요한지에 대해 가르침을 얻은 적이 있습니다. 당시 저는 판금 제조업체의 젊은 부사장으로 근무하면서 Y-이론을 추종하여 상호협력과 공동의 이익을 추구하는 리더가 되고자 하였습니다. 그런데 다른 부사장들은, 지금도 생생하게 제이와 케니라는 이름을 기억하고 있는데, 그들은 철저한 X-이론 신봉자로서 직원들은 게으르고 정직하지 못하며 억지로 일을 시켜야 한다는 믿음을 가지고 있었습니다."

"그렉과 비슷한 사람들이었나 보죠?"

"그렉이 어떤 생각을 가진 사람인가에 대해서는 아직 잘 모릅니다, 존. 하지만 분명한 것은 어떤 경우든 겉보기와는 다를 수 있다는 점입니다. 그래서 섣부른 판단을 내리기 전에 신중한 자세가 필요한 것입니다. 게다가 그렉은 지금 이 자리에 없습니다. 저는 당사자가 없는 곳에서 그 사람을 비난하는 행위를 자제하기 위해 늘 노력하고 있습니다."

"예, 그런 태도가 바람직하지요." 내가 끄덕였다.

"비록 실천이 부족한 경우도 있지만, 저는 나름대로의 철학을 가지고 생활합니다. 누구든 자신이 상대방에게 대접받고자 하는 것과 마찬가지로 상대방을 대접해야 한다는 것 말입니다. 누군가 등 뒤에서 우리를 비난한다면 기분 좋을 리는 없겠죠. 그렇지 않습니까, 존?"

"옳은 말씀입니다, 수사님."

"제이와 케니의 경우로 되돌아가죠. 당시 제가 다른 부사장들과 이사회에 참석하여 직원들과 관련된 문제를 논의할 때면 항상 곤란한 입장에 처하곤 했습니다. 그 두 사람은 늘 강경한 정책과 절차를 주장한 데 반해 저는 민주적이고 개방된 관리방식을 주장했거든요. 그리고 제이와 케니 두 사람이 그 강압적인 관리방식 때문에 머잖아 회사를 파멸시킬 것이라고 생각했지요. 동시에 그들 역시 내가 회사를 말아먹으려 하는 비밀 공산당원이라고 생각했을 정도였습니다. 당시 내 상사이면서 회사 사장이자 친구였던 빌이 우리들의 다툼을 인내성 있게 지켜보았고, 때로는 그 사람들의 편을 들기도 하고 때로는 내 편을 들기도 하면서 조정자 역할을 했죠."

"사장에게는 이사회에 참석하는 것이 골치 아픈 일이었겠네요." 내가 말했다.

"아뇨, 그렇지 않았습니다." 수사가 머뭇거림없이 대답했다.

"빌은 늘 명확한 경계를 유지하고 있었습니다. 특히 회사와 관련된 문제에 대해서는요. 평소보다 심한 언쟁이 있었던 어느 날, 이사회가 끝난 후 내가 빌을 조용히 만나 물었습니다. '자네 저 두 멍청이들을 해고해버리고 좀 더 호의적이고 발전적인 이사회를 개최할 생각이 없나?' 난 그 친구의 대답을 죽을 때까지 잊을 수 없을 것입니다."

"해고하기로 했나요?"

"그 반대였어요, 존. 그는 그 둘을 해고하는 것이 회사를 위한 최악의 선택일 거라고 하더군요. 물론 제가 그 이유를 물었습니다. 그랬더니 그 친구는 제 눈을 쳐다보고는 이렇게 말하더군요. '왜냐하면, 렌, 만일 자네 뜻대로만 한다면 머지않아 자네가 회사를 망쳐놓을걸세. 그들이 자네의 균형을 잡아주고 있거든.' 저는 그 소리를 듣고 화가 나서 일주일간 그에게 한마디도 하지 않았습니다."

"어제 수사님의 표현을 빌리면, 빌은 수사님이 기대했던 것이 아니라 필요로 했던 것을 제공한 셈이네요, 맞습니까?"

시몬이 끄덕였다. "마음을 어느 정도 추슬렀을 때, 저는 그 친구가 옳았다는 것을 깨달았습니다. 비록 제이와 케니, 그리고 나 셋이서 자주 다투기는 했어도 우리가 합의한 최종 결정은 적절히 균형을 이루고 있었거든요. 결과적으로 제게는 그들이 필요했고, 그들 역시 저를 필요로 했던 것이죠."

"지금 회사에 있는 제 상사는 저를 비롯한 공장 관리자들에게 늘 '예스 맨'이나 우리 스스로와 비슷한 사람들로 주변을 배치하지 말도록 권고합니다. 그리고 이렇게 말하곤 하죠. '직원회의에서 한 가지 사안에 대해 여러분들 10명 모두가 동의를 표한다면, 아마도 여러분들 중 9명은 이 회사에 불필요한 사람일 것입니다.' 이제부터는 그분의 말씀을 조금 더 주의 깊게 들을 필요가 있을 것 같아요."

"현명한 분인 것 같군요, 존."

"예, 저도 그렇게 생각합니다. 그나저나, 새벽 예배 시간 말고 아침식사 때 시간을 가지기로 한 건 어떻게 되었습니까?"

"좋은 소식을 전하지 못해 죄송합니다. 지난밤 수도원장님께서 제 방을 방문하셔서는 당신과의 식사를 허락할 수 없다고 말씀하셨습니다."

"수사님은 그분의 허락이 정말로 필요하신 건가요?" 나는 기분이 약간 상한 채로 비꼬듯 물었다.

"물론입니다. 일요일 아침에도 말씀드렸지만 수도사들은 정해진 구역에서 함께 식사를 합니다. 그래서 다른 곳에서 식사를 하기 위해서는 특별한 허락을 받아야 하는데, 그래서 제가 제임스 사제께 요청을 한 것이고 그분은 허락하지 않으신 거죠. 그분에게는 그럴 만한 충분한 이유가 있으리라 생각합니다."

지난 월요일 정오 휴식 시간에 산책을 하다가 그 수도원장이란 사람을 만난 적이 있었다. 그 사람에 대해서는 별다른 인상을 받지 못했다는 것이 솔직한 표현일 것이다. 그는 20여 년 전에 수도사들로부터 수도원장에 선출되어 현재까지 봉직하고 있다. 그러나 내가 보기에 수도원장은 늙고 노쇠한 데다가 심지어는 망령기까지 보이는 듯했다. 그런데도 여기 렌 호프만이라는 수사는 단지 나와 아침식사를 하는 것뿐인데 그 연약한 노인으로부터 허락을 받아야 한다니! 게다가 허락이 나지 않았다니! 난 도저히 이해할 수 없었다. 아니 더 솔직하게 말해서, 앞으로 4일간 이 빌어먹을 만남을 위해 아침 일찍 침대를 벗어나야 한다는 사실에 참을 수 없을 만큼 화가 났다.

목소리를 가다듬고 다시 물었다. "수사님, 문제를 그렇게 어렵게 할 필요가 있습니까? 저와 식사를 하는 데 허락을 받는다는 것은 좀 우스운 일 아닌가요?"

"처음에는 저도 그렇게 생각했습니다." 그가 대답했다. "그러나 지금은 그렇지 않습니다. 다른 몇 가지와 더불어 순종이라는 것은 저의 잘못된 자아와 자존심을 깨뜨리는 데 큰 역할을 하였습니다. 그리고 잘못된 자아와 자존심을 방치할 경우 우리의 성장을 저해하는 중대한 장애물로 작용하게 됩니다."

"그렇군요." 나는 그의 말에 별다른 감흥을 느끼지 못한 채 그저 고개만 끄덕였다.

최고경영자 예수의 경영 철학은 바로 '사랑'

"저의 리더십 모델은 예수입니다."

9시 벨이 울리자 공립학교 교장이 손을 들었다.

"예, 테레사." 시몬이 그녀에게 응답하였다. "이렇게 아름다운 아침, 어떤 질문이 있나요?"

"지난밤 우리는 현재까지 가장 위대했던 리더가 과연 누구인가에 대해 활발한 토론을 벌였습니다. 여러 이름들이 거론되었지만 딱히 하나의 결론에 이르지는 못했어요. 수사님은 역사상 가장 훌륭한 리더가 누구라고 생각하십니까?"

"예수 그리스도입니다." 수사가 사무적인 목소리로 대답했다.

주위를 둘러보자 그렉이 눈동자를 굴리고 있었고, 몇몇 이들이 언짢은 표정을 하고 있는 모습이 눈에 들어왔다.

테레사가 계속했다.

"수사님은 크리스천이고, 이런 특별한 삶을 선택하신 분이기에 예수가 훌륭한 리더라고 생각하시는 것 아닌가요?"

"아뇨, 훌륭한 리더가 아닙니다. 최고의 리더라고 했죠." 수사가 재차 강조했다. "제가 그러한 결론을 내린 것은, 여러분 대부분이 그에 대해 의심의 여지가 없을 것이며 그 이유 또한 검증할 수 있기 때문입니다."

"오, 제발 딴 길로 빠지지 말았으면 좋겠습니다." 하사관이 갑자기 나섰다. "나는 그런 이야기나 듣고자 이 자리에 참석한 게 아닙니다. 내가 여기 온 것은, 아니 여기로 보내진 것은 리더십에 대해 무언가 배우기 위해서입니다."

"미안하지만, 그렉! 좀 더 자세한 얘기를 듣고 싶은데요?" 내가 그의 말을 잘랐다.

시몬이 물었다. "이틀 전 우리가 내렸던 정의에 대해서는 이견이 없었나요, 그렉?"

"물론이죠. 돌이켜보면 오히려 제가 그 정의에 일조를 하지 않았습니까?"

"맞습니다, 그랬죠, 그렉. 앞서 우리는 리더십이란 공동의 이익을 위해 설정된 목표를 향해 매진할 수 있도록 사람들에게 영향력을 발휘하는 기술이라고 정의했습니다. 그렇죠?"

"맞습니다."

"저는 산 사람이건 죽은 사람이건 예수만큼 그러한 정의에 근접한 인물을 보지 못했습니다. 그 내용을 살펴볼까요. 제가 여기 서 있는 이 시간에 전 세계 인구의 3분의 1인 약 20억 명이 스스로를 크리스천이라고 말합니다. 다음으로 규모가 큰 종교는 이슬람교이 지만 교인의 수는 크리스천의 절반에 채 못됩니다. 그리고 이 나라 의 가장 큰 명절인 크리스마스와 부활절은 모두 예수의 생애와 관 련된 것이며, 그 후 인간의 달력은 이제 2천 년을 넘어서고 있습니 다. 예컨대 여러분이 불교도나 힌두교도이든, 무신론자 혹은 신생 종교의 교도이든 저는 개의치 않습니다. 그러나 예수 그리스도가 현재와 과거를 통틀어 수십억 명의 사람들에게 영향을 미쳤다는 사실은 부인하지 못할 것입니다. 그리고 아직까지 그분에 필적할 만한 인물은 없습니다."

"그렇다면…… 죄송하지만 예수의 관리방식이나 리더십 유형에 대해 말씀해주시겠습니까?" 간호사가 물었다.

그런데 갑자기 목사가 끼어들었다.

"갑자기 한 가지 생각이 떠올랐는데, 아무래도 이야기하는 것이 나을 것 같습니다. 회상해보면, 예수께서는 리드하기 위해서는 먼 저 봉사하라고 하셨습니다. 아마도 이 점이 리더십의 요체라고 할 수 있겠죠. 그런데, 다들 기억하시겠지만, 당시 예수께서는 아무런 권력도 소유하지 못한 상태였기 때문에 권력을 사용할 수는 없었 습니다. 헤롯 왕과 빌라도, 로마 인들은 모두 권력을 가지고 있었습 니다. 그러나 예수께서는 시몬 수사님이 권위라고 표현하신 영향 력을 가지고 있었을 뿐이었는데, 현재까지도 그분의 영향력이 사람들에게 미치고 있지 않습니까? 그분은 사람들로 하여금 자신을 따르도록 하기 위해 결코 권력을 사용하지도, 강요하지도 않았습니다."

"수사님은 리더로서 어느 정도 성공적인 인물이었는지 듣고 싶어요." 코치가 제의했다. "수사님의 리더십은 어떤 유형인가요?"

"솔직히 말씀드리지만 저의 리더십 모델은 예수입니다. 그리고 그 내용을 여러분과 공유할 수 있어 기쁩니다. 아낌없이 받은 것인만큼 여러분에게도 아낌없이 전할 수 있으니까요." 수사의 얼굴에서 만족감이 비쳤다.

그는 다시 차트로 다가가 다섯 단계로 분할된 역삼각형을 그렸다. 그리고 맨 위에 '리더십'이라고 적은 다음 말했다.

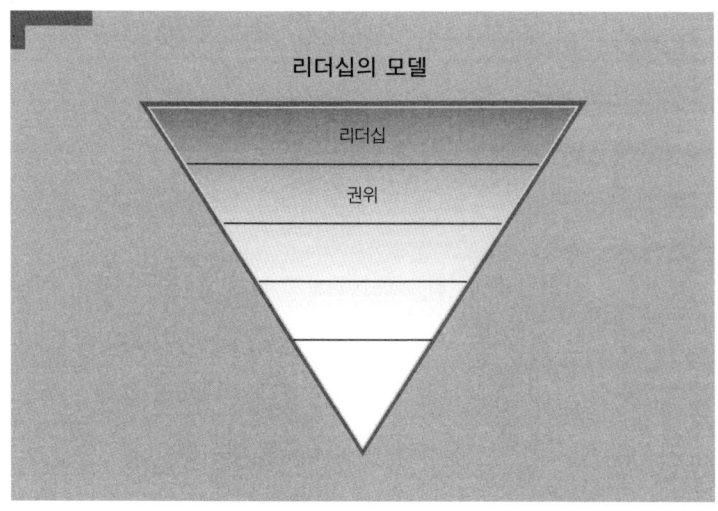

Chapter 3 리더십의 모델

"리더십은 우리의 최종 목적이므로 이 역피라미드의 맨 위에 적었습니다. 그리고 이 모형은 헌신적 리더십 모델을 상징합니다. 그러면, 그렉? 다시 한 번 리더십의 의미를 정의해볼까요?"

그렉이 복창하듯 읊었다.

"공동의 이익을 위해 설정된 목표를 향해 매진할 수 있도록 사람들에게 영향력을 발휘하는 기술입니다. 이제 완전히 외우고 있습니다."

"고맙습니다, 그렉. 이제 리더십이 지속적이고 시대적 요청에 부응하기 위해서는 반드시 권위에 바탕을 두어야 합니다." 수사가 다시 차트로부터 물러서며 설명했다.

"이전에 말씀드린 대로, 권력에 의지한다면 한동안은 효과를 발휘할 수 있습니다. 하지만 궁극적으로 여러분의 인간관계와 영향력은 퇴색될 것입니다. 권위에 대해 정의했던 것을 누가 말씀해보시겠습니까?"

간호사가 노트를 쳐다보지도 않고 바로 대답했다. "개인의 영향력을 통해 사람들이 기꺼이 그의 의지대로 행동하게 하는 기술입니다."

"맞아요. 고맙습니다, 킴. 그러면 어떻게 해야 사람들에게 영향력을 발휘할 수 있을까요? 어떻게 해야 그들이 우리의 의지대로 행동하도록 할 수 있으며, 어떻게 해야 주어진 일에 대한 그들의 관심과 헌신을 이끌어낼 수 있을까요? 권위란 도대체 무엇을 바탕으로 하는 것일까요?"

"예수께서는 영향력과 리더십이 봉사에 기초한다고 하셨습니다." 목사가 대답했다. "어제, 자기 인생에 권위와 영향력을 미친 사람에 대해 논의하는 자리에서 제가 언급했던 사람은 저의 첫 상사이자 조언자였습니다. 그녀는 진심으로 저에 대해 큰 관심을 표시했으며 제가 성공적인 직장생활을 할 수 있도록 도왔습니다. 수사님께서 말씀하신 대로, 그녀는 저의 욕구가 무엇인지 알기도 전에 저의 욕구를 충족시키고 계셨던 거죠. 그리고 제가 모르는 사이에도 저에 대한 그분의 봉사는 계속되고 있었습니다."

"고맙습니다, 리. 정확히 이해하셨군요. 권위란 항상 봉사와 희생에 바탕을 둡니다. 권위에 대한 논의에서 여러분이 지적한 사람은 어떤 식으로든 여러분을 위해 봉사하고 희생한 사람임에 틀림없을 것입니다."

순간 나는 어머니를 떠올렸다.

"하지만, 수사님은 현실이 권력으로 이루어진 세상임을 간과하고 있습니다." 하사관이 주장했다. "현실 세상에서 수사님이 말씀하신 봉사와 희생, 영향력이 목적을 성취하는 데 효과적으로 작용했다는 사례를 들어주실 수 있습니까?"

"물론이죠. 예수님의 삶이 그 예가 되지요." 목사가 끼어들었다. "그분은 권력보다는 영향력이 지배하는 세상을 건설하셨습니다. 실제로 최근에 저는 이 내용에 대해 설교를 합니다. 한 번은 그분이 '내가 들리어지면 모든 사람들이 나를 따르게 될 것이니' 하고 말씀하셨습니다. 물론 이 말은 그분이 십자가에 못 박혀 희생당하는 것을 의미한 것이지요. 그리고 실제로 그 희생의 대가로 많은 사람들이 그분을 따르고 있지 않습니까?"

"설교는 그만두시오." 하사관이 상기된 얼굴로 소리쳤다. "수천 년 전의 이야기를 왜 꺼내는 거요. 나는 지금의 현실을 말하고 있소."

간디와 마틴 루서 킹의 리더십

"그들은 '권력' 없이도 세상을 바꾸었어요."

"**그렇다면** 지금 세상의 실례를 몇 가지 들어봅시다." 수사가 말했다. "여러분은, 권력이라고는 없었지만 권위만으로 큰일을 해낸 인도의 키 작은 한 인물을 기억하십니까?"

"간디," 교장이 낮은 소리로 말했다. "권력을 소유하지는 않았지만 누구보다 훌륭한 일을 한 성자지요! 5피트도 안 되는 키에 100파운드도 안 되는 몸을 가지고요! 간디는 7억 명의 인도 사람들이 대영제국의 식민 통치에 탄압받으며 살고 있는 현실을 개탄했습니다. 그리고 폭력을 동원하지 않고 영국으로부터 독립을 쟁취하리라고 단호히 선언했지요. 대부분의 사람들이 그 소리에 콧방귀를 뀌었지만 그는 결국 인도의 독립을 이루었습니다."

"어떤 식으로 말이요?" 하사관이 물었다.

"간디는 무엇보다 세계의 이목을 인도로 집중시켜 그곳에서 벌어지는 온갖 불공평한 처사에 관심을 갖도록 해야 한다고 생각했습니다. 그래서 그의 추종자들에게 자유라는 대의大義를 위해 희생해야 함을 주지시켰고, 그러한 그들의 희생은 결국 인도에 관심을 가지고 있던 국제사회에 조금씩 영향력을 발휘하기 시작했습니다. 그리고 그는 무혈 시민불복종 운동을 이끌면서 추종자들에게 고통을 감내하도록 독려했지요. 간디는 대의를 위해 봉사하고 희생한 인물입니다. 시민불복종 운동을 이끈 죄로 감옥에 수감되어 모진 고문을 받으면서도, 인도가 처한 어려움을 세계에 알리기 위해 단식도 불사하였습니다. 그리고 국제사회의 관심을 끌 때까지 조국의 자유라는 대의를 위해 봉사하고 희생하였습니다. 1947년, 마침내 대영제국은 인도의 독립을 승인했을 뿐만 아니라 간디를 영국으로 초청하여 런던 중심가에서 영웅을 환대하는 퍼레이드까지 열어 주었지요. 총이나 폭력, 권력에 의지하지 않고 오로지 영향력만으로 그 큰일을 이룬 것입니다."

"마틴 루서 킹 목사 또한 기억해야 할 인물입니다." 이번에는 코치가 나섰다. "저는 대학원 시절 그분에 관한 논문을 썼습니다. 킹 목사가 50년대 후반에 간디의 방법론을 배우기 위해 인도로 갔던 사실을 아는 사람은 많지 않아요. 그리고 그곳에서 배운 것들이 60년대 초 민권운동에 지대한 영향을 미쳤지요."

"60년대 초에 저는 갓난아기였죠." 간호사의 말이었다. "하지만 당시 남부에서는, 흑인들이 버스를 타더라도 뒷자리에 앉아야 하고, 백인과 같이 이용할 수 있는 식당에서는 제한된 구역에만 앉아야 했다는 것, 그리고 술을 마실 때도 '유색' 인종을 위한 자리를 이용해야 했고, 참을 수 없는 굴욕감을 견뎌야 했다는 것 등은 알고 있습니다. 하지만 이 나라에 그런 차별이 존재했다는 사실 자체를 지는 믿기 어렵습니다."

하사관이 나직이 말했다. "그 사건은 남북전쟁으로부터 약 100년이 지난 후였어요. 미국인이 미국인을 총으로 쏴죽이던 그 전쟁! 그 한 번의 전쟁 때문에 사망한 사람들의 수가 미국 역사상 모든 전쟁의 사망자를 합친 것보다 많다더군요."

간호사가 하사관의 말을 부연했다. "남북전쟁에서 쏟아졌던 그토록 많은 피와 고통도, 그로부터 100년 뒤 백인이 버스를 탔을 때 자리가 없으면 흑인이 일어나서 버스 뒤 칸으로 가야 하는 현실을 바꾸지는 못했던 거죠."

크리스가 말했다. "킹 목사 역시 간디와 마찬가지로 자신에게는 권력이 없다는 것을 알았습니다. 하지만 대의를 위해 자신을 희생하고 고통을 감수하는 것만이 흑인이 천대받는 남부의 불공평한 처사에 대한 정부의 관심을 유도하는 길임을 알고 있었지요. 일부에서는 권력 대 권력으로 투쟁하기도 했습니다. 말콤 엑스(흑인 지도자)와 블랙 팬더스(Black Panthers, 흑표범단 : 미국의 극좌익 과격파), 그리고 몇몇 인사 또는 집단이 그 경우입니다. 그러나 권력은 더 큰 권력을 낳게 마련이며, 그들이 백인사회를 상대로 권력을 사용할 때 백인사회에는 백인들을 옹호할 수 있는 더욱 월등한 권력이 존재함을 알게 되었던 거죠. 킹 목사가 훌륭했던 것은 폭력에 의지하지 않고 흑인의 시민권을 획득할 수 있다고 주장한 점입니다. 하지만 사람들은 간디의 경우와 마찬가지로 그를 비웃었지요."

교장이 말했다. "킹 목사가 걸었던 길은 험난했습니다. 수없이 많은 살해 위협과 가족을 대상으로 한 협박. 그는 시민불복종 운동 내내 감옥에 수감되었으며, 심지어 그의 집과 교회도 누군가의 방화로 불타버렸지요."

"킹 목사와 민권운동이 불과 몇 년 사이에 이룬 성과에 대해 생각해봅시다." 코치가 나섰다. "킹 목사는 역대 최연소 노벨평화상 수상자가 되었습니다. 『타임』지에서는 그를 '올해의 인물'에 선정하였고, 아프리카계 미국인으로서 그런 영예를 얻은 사람은 그가 처음이었지요. 포괄적인 시민권 입법안이 국회를 통과하였고, 1964년의 시민권 법령은 법제화되어 현재에 이르고 있습니다. 투표에 따른 인두세를 금지하는 24차 헌법 개정안이 비준되었고, 문맹 여부에 대한 시험을 금지하는 연방 투표권 법령이 제정되었으며, 마침내는 미국 대법원에 흑인이 입성하게 되었지요."

간호사가 부연 설명하였다. "그리고 흑인이 더 이상 버스 뒷자리에 앉거나 '유색' 인종 구역에서 술을 마셔야 하는 악습도 사라졌으며, 식당에서도 아무 자리에나 앉을 수 있게 되었지요. 권력에 의지하지 않고 킹 목사가 이루어낸 업적은 정말 놀라운 것입니다."

Leadership

영향력은 권위에서 나오고
권위는 봉사하는 삶에서 비롯한다

잠시 침묵이 흐른 뒤 목사가 부드러운 목소리로 입을 열었다. "한 가지 생각이 떠올랐습니다. 자니 카슨Johnny Carson이 한번은 자신이 결코 희화할 수 없는 사람이 한 명 있다고 했습니다. 바로 돌아가신 캘커타의 테레사 수녀였습니다. 그는 테레사 수녀를 빗대어 농담을 해도 아무도 웃지 않는다고 했습니다. 왜 사람들이 웃지 않았을까요?"

코치가 대답했다. "그분이 우리 나라와 전 세계에 파급시킨 커다란 영향력 때문입니다."

"그러면 그분은 어떻게 그런 권위를 형성하였다고 생각하시죠?" 목사가 물었다.

"봉사하는 삶을 살았기 때문이죠." 간호사의 대답은 간단했다.

갑자기 한 가지 생각이 떠올랐다. "어머니를 향한 아이들의 성향을 살펴보았으면 합니다. 아시다시피 아이들은 어머니를 '절대적'인 존재로 생각합니다. 만일 누군가의 어머니를 비난했을 때 그 아이들의 반응을 살펴보면, 제가 의미하는 것이 무엇인지 이해가 가겠지요. 전 어머니가 살아계셨을 때 당신을 위해 어떤 일이라도 할 수 있었습니다. 지금 돌이켜 보면, 어머니는 항상 옳은 분이라는 믿음이 있었기에 큰 영향력을 발휘할 수 있었던 것입니다. 어머니는 자식에게 봉사하는 존재였거든요."

봉사와 희생의 리더십

"권위는 봉사와 희생에 근거합니다."

오후 강의를 알리는 시계 벨 소리가 울리기 전인데도 하사관은 이미 자리에 앉아 있었다. "영향력과 권위가 타인에 대한 봉사와 때로는 희생으로부터 형성된다는 것은 이해가 갑니다. 그런데 어떻게 하면 이 과정을 실제 생활과 또 제 가정에 접목시킬 수 있을까요? 도대체 어떻게 행동해야 합니까? 항상 시간을 준수하고, 점심은 단식하며, 이웃의 나병환자들을 돌보고, 시청 앞에서 인종차별 항의 시위를 하면 될까요? 미안하지만, 저는 지금까지의 이론을 어떻게 현실세계에 적용해야 할지 도무지 모르겠습니다."

"혼란스러운 입장을 솔직하게 말해주셔서 감사합니다, 그렉." 수사가 대답했다. "당신이 혼란스럽다면 아마 다른 사람들도 그럴 것입니다. 점심식사 전에 우리는 권위를 표현하는 몇 가지 역사적 사건에 대해 토론했습니다. 그런데 희소식 한 가지는 우리가 남을 위해 봉사하거나 희생하는 어떤 순간에도 권위를 형성할 수 있다는 사실입니다. 기억합시다. 리더십의 역할은 봉사하는 것, 즉 당면한 욕구를 규명하고 충족시키는 것입니다. 그러한 욕구를 충족시키는 과정에서 때로 봉사하는 대상으로부터 희생을 요구받는 것입니다."

"맞습니다, 수사님." 목사가 맞장구를 쳤다. "권위가 봉사와 희생에 근거한다는 것은 틀림없는 사실입니다. 그것은 농부들의 수확의 법칙과 마찬가지입니다. 즉, 뿌린 만큼 거두는 것이죠. 수사님이 제게 봉사한다면 저도 수사님에게 봉사할 것이고, 수사님이 저를 무시한다면 저도 수사님을 무시하게 되겠지요. 다시 말해서, 누군가 우리에게 선행을 한다면 당연히 우리는 그 사람에게 뭔가 빚을 졌다는 생각을 갖지 않겠습니까? 여기에는 특별한 법칙이나 마술이 숨어 있는 것이 아닙니다."

수사가 강단으로 올라서며 말했다. "도움이 되었나요, 그렉?"

"계속 얘기하다보면 이해가 될 것도 같네요." 시큰둥한 대답이 이어졌다.

시몬은 차트를 가리켰다.

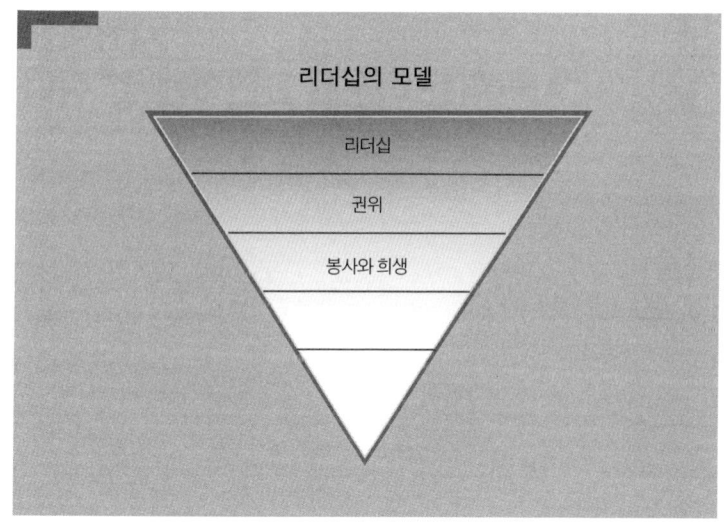

"요약하면, 우리가 노력으로 성취해야 할 리더십은 영향력과 권위에 바탕을 둔다고 했습니다. 권위란 우리가 리드하는 이들을 향한 봉사와 희생에 바탕을 두며, 그들의 당면한 욕구를 규명하고 충족시킴으로써 얻어지는 것입니다. 그렇다면 봉사와 희생은 도대체 무엇에 근거하는 것일까요?"

"노력입니다." 목사가 대답했다.

사랑이란 '사랑하는 마음을 표현하는 것' 이다

"아무리 훌륭한 의도를 지니고 있더라도 행동이 따르지 않는다면 결국 아무런 의미를 갖지 못합니다."

"정확히 맞추었습니다." 시몬이 미소를 지었다. "하지만, 괜찮다면 저는 '사랑' 이란 용어를 사용하고 싶은데요?"

사랑이란 단어가 언급되자, 나는 하사관이 매우 짜증스러워 할 것이라고 생각했는데 그는 아무런 말도 꺼내지 않았다.

몇몇 이들이 예민한 반응을 보였고, 내가 질문을 해야 할 때라고 생각했다. "죄송하지만, 수사님. 사랑이라는 단어가 지금 상황에 어울린다고 생각하십니까?"

"그래요." 코치가 거들었다. "사랑이란 도대체 어떤 것인가요?"

수사는 강단에 그대로 선 채였다. "사랑이란 단어에 대해 일종의 거부감을 느끼는 것, 특히 기업 환경과 연관시킬 때 더욱 그런 것은, 사랑을 단순히 하나의 감정으로 치부하기 때문입니다. 제가 언급하는 사랑은 단순한 감정을 의미하는 것이 아닙니다. 내일 우리는 상당한 시간을 투자해서 이 단어의 중요성에 대해 논의할 것입니다. 하지만 지금 제가 언급하는 사랑이라는 용어는, 감정을 의미하는 명사가 아니라 행동을 의미하는 동사란 점을 이해해주시기 바랍니다."

교장이 말했다. "그럼 수사님의 말씀은 '사랑이란 사랑하는 마음을 표현하는 것' 이란 뜻인가요?"

"적절한 표현입니다, 테레사." 시몬이 감사를 표시했다. "제가 그 표현을 빌려 다음에 이용하도록 하겠습니다. 사랑이란 사랑하는 마음을 표현하는 것이라! 제 생각을 정확히 표현했네요."

"그러면 사랑은 또 무엇에 근거합니까?" 하사관이 불평하듯 물었다. 수사는 차트로 다가가서는 두 글자를 적었다.

의지(WILL)

"사랑은 의지에서 비롯됩니다. 여러분의 이해를 위해 역작 『1분 관리자 One Minute Manager』의 저자인 켄 블랜차드 Ken Blanchard의 공식에 의거하여 사랑이란 단어를 정의해보도록 하겠습니다. 먼저 첫 번째 공식을 살펴보겠습니다. 준비되었죠?"

"숨도 안 쉬고 듣고 있습니다." 하사관이 비아냥거리듯 말했다.

시몬은 차트로 다가가 이렇게 적었다.

> 의도(Intentions) − 행동(Actions) = 회피(Squat)

"의도한 것에서 행동을 제외하면 결과는 회피하는 것입니다. 아무리 훌륭한 의도를 지니고 있더라도 행동이 따르지 않는다면 결국 아무런 의미를 갖지 못합니다." 수사의 설명이 뒤따랐다.

목사가 말했다. "저는 늘 교회 가족들에게, 의도만 그럴듯하다면 그것이 곧 지옥에 이르는 지름길이라고 입버릇처럼 말합니다."

다행히도 목사의 그러한 언급에 하사관이 또 다시 토를 달지는 않았다.

리더십의 핵심은
욕구를 규명하고 충족시키는 데 있다

"행하는 이라야 뜻이 있다고 할 것입니다."

수사의 설명이 이어졌다. "제가 기업에 몸담았을 때, 직원들이 무엇보다 소중한 자산이라고 말하는 기업가들을 더러 보았습니다. 하지만 그들의 행동을 보면 실제 생각이 어떤지 알 수 있었죠. 그리고 저는 나이가 들면서 사람들의 말보다는 행동에 더 큰 관심을 갖게 되었습니다. 그런 사람들의 말은 대부분 단순한 입놀림에 지나지 않습니다. 이미 행동에서 그 차이를 알 수 있으니까요."

코치가 말했다.

"수사님, 지금 이 자리에 있는 우리 모두는 아름다운 경치로 둘러싸인 산 위에 올라 있는 것과 마찬가지이며, 모두가 손을 잡고 노래도 부를 수 있을 만큼 여유로운 환경에 있습니다. 그처럼 이상적인 상황에서 논하고 있는 이론들이, 머잖아 우리들이 변덕스럽고 가변적인 저 아래 계곡의 세계로 내려갔을 때에도 과연 적용될 수 있을까요? 제 생각에 이런 논리들을 현실에 적용하기란 쉽지 않다고 봅니다."

"옳은 말씀입니다, 크리스." 수사는 그녀의 견해를 지지하였다. "진정한 리더십을 발휘하는 것은 대단히 어려우며 엄청난 노력을 요구합니다. 하지만 행동이 따르지 않은 의도는 의미가 없다는 견해에 여러분이 반대하시리라 생각하지 않습니다. 이것이 바로 삼각형의 정점에 '의지'가 위치하는 이유입니다. 이제 두 번째 공식에 대해 이야기해볼까요?"

의도(Intentions) + 행동(Actions) = 의지(Will)

시몬 수사의 설명이 계속되었다.

"의도와 행동이 결부되면 곧 의지가 됩니다. 즉, 의도와 행동이 조화를 이룰 때 비로소 바람직한 사람, 바람직한 리더의 길에 들어서는 것입니다. 이제 권위에 의한 리더십 모델을 이렇게 그려볼 수 있습니다."

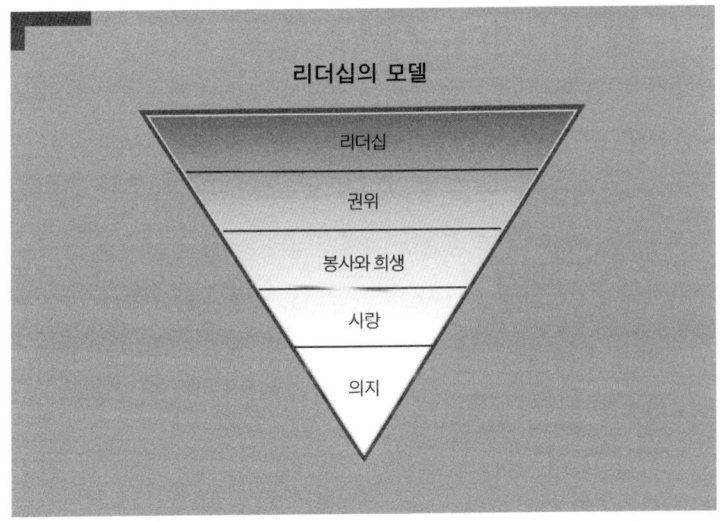

　잠시 침묵이 흐른 뒤 간호사가 입을 열었다. "지금껏 수사님으로부터 배운 내용을 정리하면, 리더십이란 의지로부터 비롯되며 그 의지란 의도와 행동을 조화시키기 위한 인간의 특별한 기술이자 행동을 결정하는 요소라고 했습니다. 그리고 적절한 의지를 가지고 있을 때 우리는 사랑, 즉 우리가 리드하는 사람들의 '욕망'이 아닌 당면한 '욕구'를 규명하고 충족시키는 행동을 선택할 수 있습니다. 다른 사람의 욕구를 충족시키려면 그야말로 봉사와 희생이 뒤따라야 하고, 봉사와 희생을 통해 테레사가 '수확의 법칙'이라고 표현한 권위, 또는 영향력을 형성하게 됩니다. 그리고 영향력을 형성할 때 비로소 리더로 불릴 수 있는 자격이 주어지는 것이지요."

　나는 그녀의 명석함에 다시 한 번 감탄했다.

"고맙습니다, 킴." 수사가 말했다. "제가 정리하더라도 그보다 훌륭하게 할 수는 없을 겁니다. 그렇다면 최고의 리더는 누구일까요? 말할 것도 없이 가장 열심히 봉사한 사람입니다. 또 하나의 흥미로운 역설이라 할 수 있지요."

"그렇다면 리더십을 이렇게 간단하게 요약할 수 있겠네요?" 교장이 재밌다는 듯 말했다. "욕구를 규명하고 충족시켜라."

그날 오후 강의가 끝날 때는 하사관도 그 내용을 수긍하는 표정이었다.

넷째날
리더십의 실행

The Servant Leadership

직원들에게 굳이 호감을 갖거나 협력해야 할 필요는 없다.
그러나 리더라면 반드시 그들을 사랑해야 한다.
사랑은 충성심이고, 사랑은 팀웍이며, 사랑은 개인의 품위를 존중한다.
이것이 조직의 장점이다.

빈스 롬바르디

Leadership

비로소 변화하는 '나'

"시몬은 바람처럼 내게 스며들었다."

수요일 새벽 4시, 나는 이미 잠에서 깨어 천장을 바라보고 있었다. 일주일의 절반이 순식간에 지나가버렸다. 그동안 비록 하사관 그렉 때문에 기분이 상한 적도 많았지만 전반적으로 이번 피정에 참여한 동료들로부터 깊은 인상을 받았으며, 강의에 점차 몰두하고 주위를 아름다운 시각으로 바라보며 음식도 더욱 맛있어 하는 스스로를 발견했다.

하지만 무엇보다 내게 가장 인상적인 대상은 시몬 수사였다. 그는 그룹 토론을 촉진하고 각각의 참여자가 자신의 견해를 충분히 표현할 수 있도록 조장하는 탁월한 능력가였다. 우리가 논의한 여러 원칙들은 어린아이도 이해할 수 있을 정도로 단순한 내용이었지만, 그 이면에 감추어진 의미를 깨닫기 위해 나는 밤잠을 설치고 있었던 것이다.

수사는 내가 뭔가를 이야기하면 한마디도 놓치지 않는 것처럼 보였으며, 그의 그런 모습은 매우 가치 있고 중요한 태도로 여겨졌다. 그리고 상황을 파악하거나, 사소한 내용은 접어두고 문제의 본질에 접근하는 뛰어난 능력의 소유자였다. 그는 도전을 받더라도 결코 방어적인 자세를 취한 적이 없었으며, 내가 만나본 가장 탄탄한 신념의 소유자였다. 수사는 내게 특정 종교를 강요하지도 않았지만 그렇다고 소극적인 자세를 보인 것도 아니었다. 나는 그 사람의 바탕을 잘 알고 있었다. 그의 순수하고 부드러운 성격, 항상 얼굴을 덮고 있는 미소, 그리고 반짝이는 그의 두 눈은 내게 진정한 삶의 기쁨을 전하는 듯했다.

그러나, 나는 도대체 시몬 수사로부터 무엇을 배우러 이곳에 왔던가? 나를 괴롭혔던 그 꿈이 다시 머릿속을 뒤흔들었다. "시몬을 찾아라, 시몬을 찾아 가르침을 얻어야 한다!" 레이첼과 시몬 모두가 권고했던 것처럼, 내가 여기에 있는 것은 특별한 이유나 목적이 있어서일까? 그렇다면, 그 이유는 무엇일까?

방을 떠날 채비를 하면서 최대한 시몬의 머리로부터 많은 것을 얻어내리라 다짐하였다.

세 번째 개인 특강 : 믿음과 선택에 관하여

"누구나 자신만의 믿음을 가져야 합니다."

수요일 아침 내가 10분 정도 일찍 도착했을 때 수사는 예배당에 혼자 앉아 있었다. 눈을 감고 있는 모습이 명상에 잠긴 것처럼 보였기에 나는 조용히 그의 옆자리에 앉았다. 그런데 침묵 속에서 그와 나란히 앉아 있는데도 불구하고 전혀 어색하지 않았다.

몇 분이 지나자 그는 얼굴을 돌려 나를 바라보고는 물었다. "느낀 점을 이야기해볼까요, 존?"

잠시 생각을 가다듬은 내가 이렇게 말했다. "어제 수사님이 말씀하신 리더십 모델은 무척 인상적이었습니다. 저도 수사님의 견해에 전적으로 공감합니다."

"그 아이디어와 모델은 제가 개발한 것이 아니라 예수님으로부터 빌려온 것입니다." 수사는 틀린 부분을 정정하듯 대답했다.

"그래요, 예수." 나는 불편한 듯 자리를 고쳐 앉으며 말했다. "하지만 제가 종교인이 아니란 건 아시죠."

"아니오. 그렇지 않을 겁니다." 그가 의심의 여지가 없다는 듯 부드러운 목소리로 말했다.

"수사님은 저를 잘 모르시는군요. 그렇지 않으면 어떻게 그런 대답을 하실 수 있습니까?"

"왜냐면 사람들은 누구나 종교를 가지고 있기 때문입니다, 존. 우리 모두는 천지만물의 큰 뜻과 본성, 생성 목적 등에 대해 나름대로의 믿음을 가지고 있습니다. 종교란 단지 난해한 존재의 이유를 설명하기 위한 길잡이요 패러다임이며 믿음일 뿐입니다. 예를 들면, 우주는 어떻게 해서 생성되었는가? 우주란 안전한 장소인가 그렇지 않으면 해로운 곳인가? 나는 왜 여기 있는가? 우주는 우연히 만들어진 것인가 아니면 커다란 목적을 가지고 태어난 것인가? 죽음 뒤에는 무엇이 존재하는가? 사람에 따라 차이는 있겠지만 대부분의 사람들이 이런 의문을 염두에 두고 있습니다. 심지어 무신론자들조차도 이러한 의문에 대한 나름대로의 해답을 가지고 있으므로 종교인이라 할 수 있습니다."

"저는 영적인 문제를 논하기 위해 많은 시간을 할애하지는 않습니다. 이웃 사람들과 마찬가지로 저도 별다른 생각 없이 동네 성당에 다녔고, 그것이 당연한 것이라고 생각했습니다."

"존, 우리가 강의시간에 나누었던 내용을 상기해봅시다. 모든 사람들은 위로는 하느님과 옆으로는 이웃들과 관계를 맺고 있습니다. 우리 모두에게는 그런 관계에 대한 선택이 필요합니다. 이런 말이 있지요. '하느님에게는 손자가 없다.' 저는 그 말을 이렇게 해석합니다. 즉, 다른 사람이나 기존의 교리 혹은 종교를 통해 하느님 또는 다른 이들과의 관계를 발전시키거나 유지하려고 하지 말라는 뜻으로 말이죠. 관계란 것은 적당한 때가 되었을 때 비로소 조심스럽게 발전되고 성장되어야 하는 것입니다. 그리고 우리들 각자는 어떠한 믿음을 가질 것이며, 그런 믿음이 우리의 삶에 어떤 의미가 있는지를 선택해야 합니다. 누군가 이렇게 말한 적이 있습니다. '누구나 자신만의 죽음을 예비하듯 자신만의 믿음을 가져야 한다.'"

"그런데 수사님, 어떤 믿음을 가져야 하는지 알 수 있는 방법이 있습니까? 어떤 것이 진리인지 알 수 없지 않습니까? 종교나 믿음은 선택하기에는 그 범위가 너무 넓습니다."

"존, 당신이 진정으로 진리를 묻고, 찾고 있다면 분명히 그 방법이 있다고 저는 생각합니다."

사랑과 리더십

"사랑이란 느낌이 아니라 행동의 문제이지요."

시계가 9시를 알리자 수사는 강의를 시작했다. "어제 말씀 드린 대로 오늘의 강의 주제는 '사랑' 입니다. 물론 이 주제를 탐탁 지 않게 여기는 분도 있을 줄 압니다."

나는 하사관을 훔쳐보며 현실 운운하는 인간이 어떻게 반응하 는지 살폈다. 하지만 어떤 징후도 나타나지 않았다.

잠시 침묵이 흐른 뒤 수사의 말이 계속되었다. "어제 크리스가 물었듯이 사랑이란 도대체 어떤 것일까요? 리더십과 권위, 봉사, 희생의 의미를 이해하기 위해서는 이 용어를 정확히 파악하는 것 이 대단히 중요합니다. 저는 오래전 대학을 다닐 때 사랑의 참뜻을 깨닫기 시작했습니다. 당시 저는 철학을 전공하고 있었으며 믿어지지 않겠지만 그때 저는 완벽한 무신론자였습니다."

"말도 안 됩니다." 그렉이 목소리를 높였다. "새로 태어나신 고귀한 수도사님이 무신론자였다고요? 어떻게 된 일인지 설명해주시겠습니까?"

수사가 미소를 머금고 대답했다. "왜냐면, 그렉, 당시 저는 대중적인 종교 대부분을 공부했는데 그럴듯해 보이는 종교는 하나도 없었거든요. 기독교를 예로 들어볼까요? 저는 예수께서 남긴 말들을 이해하려고 많이 노력했지만 결국은 '사랑'이라는 단어 외에는 소득이 없었습니다. 예수께서는 '네 이웃을 사랑하라'고 하셨습니다. 만일 그때 제 주위에 정말 좋은 이웃이 있었다면 그 말을 이해했을는지도 모르죠. 그런데 더 심한 것은 '네 적을 사랑하라'고 하셨습니다. 당시 저는 이건 말도 안 되는 소리라고 생각했지요. 아돌프 히틀러를 사랑하라? 게슈타포를 사랑하라? 연쇄 살인범을 사랑하라? 도대체 사람들에게 어떻게 이런 사랑이란 감정을 심어줄 수 있단 말인가? 그것도 무신론자들에게? 그렉, 당신의 표현을 빌리자면 '이승에서는 어림없는 소리'였죠."

"훌륭한 설교구먼요." 하사관이 킬킬거렸다.

"그런데 인생과 사랑에 대한 저의 패러다임이 전환점을 맞이하게 되었습니다. 동기생 몇 명과 제가 조그만 술집에서 맥주를 마시고 있었죠. 그때 그 술집에 자주 다니던 한 언어학 교수님과 합석하게 되었고 우리는 지구상에서 가장 큰 종교가 무엇이냐에 대해 열띤 토론을 벌였습니다. 물론 토론의 대상은 기독교였지요. 그때 제 말투는 대충 이랬습니다. '좋죠! 적을 사랑하라. 농담도 이 정도면 예술이죠. 도끼로 살인을 한 자도 따뜻하게 대하라고요?' 교수님은 즉각 제 말을 끊고는, 비록 예수의 말이 평범하게 들릴 수도 있지만 제가 그 의미를 잘못 해석했다고 하셨습니다. 그리고 영어를 비롯한 대부분의 언어는 사랑이란 단어를 감정과 결부시켜 생각하는 경향이 있다고 말씀하시더군요. 아시겠지만 우리는 뭔가에 대해 호감을 갖고 있을 때, 그것을 '사랑한다'고 말합니다. 예컨대, '나는 내 가족을 사랑한다, 나는 애완동물을 사랑한다, 나는 담배를 사랑한다, 나는 술을 사랑한다' 라고 하듯이 말이죠. 우리가 사랑이란 단어를 사용할 때는 반드시 호의적인 감정을 수반하게 됩니다."

"맞는 말씀입니다, 수사님." 교장이 동의했다. "어젯밤 저는 오늘의 주제인 사랑이란 단어를 사전에서 찾아보려고 도서관엘 갔었습니다. 그리고 'love'의 네 가지 정의를 적어 왔습니다. 첫째는 강한 호의, 둘째는 따뜻한 애정, 셋째는 성적 감정에 의한 끌림, 넷째는 테니스에서의 영점 a score of zero이 그것입니다."

"이제 제가 의미하는 것을 아시겠지요, 테레사? 영어에서는 사랑을 매우 한정된 의미로 정의하고 있습니다. 그리고 모든 정의는 호감을 포함하고 있지요. 당시 그 교수가 설명하기를, 신약성서의 상당 부분은 원래 자신의 전공분야인 그리스 어로 기록되었으며, 그리스 사람들은 사랑의 다각적인 현상을 몇 가지 색다른 용어로 정의했다고 했습니다. 돌이켜볼 때, 그 정의 중 하나는 '에로스 eros' 입니다. 이 말은 영어 단어인 '에로틱 erotic' 의 어원으로서, 성

Chapter 4 리더십의 실행   **167**

적 호감 또는 욕망, 갈구 등의 감정을 의미하지요. 사랑을 의미하는 또 다른 정의는 '스토르게storge'로서 이 단어는 특히 가족 사이의 친밀감을 의미합니다. 그런데 신약에서 이 두 단어를 찾아볼 수는 없습니다. 사랑에 대한 또 하나의 정의는 '필로스philos'로서 상호 간의 사랑을 의미합니다. 즉, '네가 내게 잘하면 나도 네게 잘하겠다'라는 식의 조건적 사랑을 의미하지요. 필라델피아란 도시 이름은 바로 이 단어에서 유래되었습니다. 마지막 하나는 명사인 '아가페agape'와 관련 동사인 '아가파오agapao'라는 단어로서, 이 두 단어는 책임에 구애됨 없이 상대방에 대한 행위에 바탕을 둔 무조건적 사랑을 의미합니다. 즉, 사려 깊은 '선택'에 따른 사랑을 뜻하지요. 예수께서 신약성서에서 언급하셨던 사랑은 바로 아가페로서, 행위와 선택에 따른 사랑이지 결코 감정에 의한 사랑을 말씀하신 것이 아닙니다."

"지금 생각해보니," 간호사가 말했다. "누군가에 대한 느낌 또는 감정을 가지라고 명령하는 것 자체가 약간은 말이 안 되는 것 같군요. 그렇다면 예수는, 악한 사람들이 다른 사람들에 대해 선한 감정을 가지고 있다고 해서 악하지 않다고 한 건 아니군요. 그리고 악한 사람들에게 관대하게 '행동'하라고 말한 것이군요. 저는 아직까지 이렇게 해석해본 적이 없었습니다."

코치가 끼어들었다. "그렇군요! 사랑의 감정이 비록 사랑스런 언어나 사랑스러운 표현이 될 수는 있겠지만 결코 사랑의 의미 그 자체는 아니라는 뜻이군요. 결국 어제 테레사가 말한 대로, 사랑이란 사랑하는 마음의 표현을 의미한다는 말씀이죠?"

"이렇게 생각하면 어떨까요?" 내가 말했다. "어쩌면…… 아니, 분명히 아내가 저를 싫어하는 때가 있습니다. 하지만 그녀는 어떤 식으로든 그 상황을 인내합니다. 말하자면, 그녀가 저를 좋아하지는 않지만 그녀의 행동과 신뢰로서 저를 사랑하고 있다고 표현할 수 있겠군요."

"그래요." 놀랍게도 하사관이 맞장구를 쳤다. "술집에 앉아 여자들 뒷꽁무니나 쿵쿵대고 있으면서도 자기는 아내를 무척이나 사랑한다며 입버릇처럼 말하는 친구들을 여럿 보았어요. 그리고 자식들을 엄청나게 사랑한다고 하면서 자식들을 위해 하루에 단 15분도 시간을 내지 않는 부모들도 보았고요. 여자와 잠자리를 하고 싶을 때만 '너무너무 사랑한다'고 말하는 군대 동료들도 마찬가지지요. 따라서 입으로만 떠벌리거나 감정만을 내세우는 것은 사랑이라고 할 수 없겠군요, 그렇죠?"

"맞습니다." 수사가 미소 띤 얼굴로 하사관에게 말했다. "저는 다른 사람들을 향한 감정을 항상 통제할 수는 없습니다. 하지만 그들을 향한 행동을 통제할 수는 있습니다. 감정이란 엊저녁에 뭘 먹었는가에 따라서도 변할 수 있는 것이죠! 예컨대, 제 이웃들이 별로 탐탁지 않은 사람들일 수도 있고 저 역시 그들에게 호감을 주지 못할 수도 있지만, 그들에게 사랑스러운 행동을 표현하는 것은 가능합니다. 즉 그들의 행동이 우호적이지 않을지라도 저는 인내하면서 솔직하고 존중하는 태도를 가질 수 있는 것이지요."

"수사님께서는 목사로서의 제 생각도 고려하셔야 할 줄 압니다." 목사가 불쑥 끼어들었다. "예수님께서 '네 이웃을 사랑하라'고 하신 말씀에 대해 저는, 적어도 제가 가진 패러다임은, 그 뜻을 상대방에 대해 긍정적인 감정을 가지라는 의미로 해석하고 있습니다."

"그건 당신네 목사들이 예수의 허상을 좇아 대중을 현혹시킨 때문이오." 하사관이 목사를 조롱하는 듯했다. "아까 간호사가 말했듯이 타인에 대한 감정을 명령하는 것이 어떻게 가능하겠소? 타인을 향한 선행은 어떻게든 가능할지 몰라도 멍청이들에게 호감을 가지라는 건 도무지 말이 되질 않소."

"당신은 누구한테나 그렇게 무례하게 말하시오?" 내가 목소리를 높였다.

"나는 있는 그대로를 말하는 것뿐이오."

"그렇게 다른 사람을 헐뜯으면서 말이오?" 내가 맞받아치자 하사관은 나를 향해 눈동자를 굴릴 뿐 대꾸하지는 않았다.

수사는 차트로 다가가 이렇게 적었다.

사랑과 리더십

"신약성서에서는 우리가 논하는 아가페적 사랑에 대해 훌륭한 정의를 내리고 있습니다. 아마 여러분의 아이들도 그 구절을 침실 벽에 붙여 놓았을지 모르지요. 그리고 세계의 수많은 사람들이 자주 그 구절을 인용하고 있으며, 아브라함 링컨, 토마스 제퍼슨, 프랭클린 루스벨트와 같은 이들도 개인적으로 매우 좋아했던 구절입니다. 지금도 기독교인들의 결혼식에서는 이 구절이 낭송되고 있지요. 이쯤 되면 제가 무엇을 말하는지 아시겠지요?"

"물론이죠." 코치가 대답했다. "'사랑은 오래 참고, 온유하며'로 시작하는 그 구절 맞죠?"

"맞습니다, 크리스." 수사가 말했다. "고린도전서 13장입니다. 대강 언급한다면, '사랑은 참아야 하고, 친절해야 하며, 교만하거나 성내지 말고, 무례하지 말 것이며, 자신의 이익을 탐하지 말고, 불행한 사람을 지나치지 말 것이며, 진리에 기뻐하고, 모든 것에 참고 인내하는 것이다. 사랑은 결코 실패하지 않는다.' 이런 내용입니다. 그런데 이런 특징은 어디선가 들어본 것 같지 않습니까?"

내가 말했다. "지난 일요일 우리가 다루었던 리더십의 특징과 유사한 것 같은데요, 맞습니까?"

"맞습니다. 상당히 비슷하지요, 존?" 수사는 미소를 지으며 대답했다. "이 구절을 간략히 요약하면, 사랑이란 인내, 친절, 겸손, 존중, 이타주의, 용서, 정직, 헌신 등의 특징을 가지고 있습니다." 시몬은 차트에 이 단어들을 모두 기록하였다. "자, 이제 그 가운데 감정을 나타내는 단어가 있습니까?"

"전부 행동을 의미하는 것 같은데요." 코치가 대답했다.

"거의 2천 년 전에 기록된 내용이지만, 이는 오늘날의 리더십의 정의로도 인용할 수 있을 만큼 훌륭한 정의입니다."

"아가페적 사랑과 리더십이 매우 비슷하군요. 그것 참 재밌습니다." 목사가 흥미로운 듯 목소리를 높였다. 성경의 야고보서를 보면 아가페를 영어로 'charity(자선)'로 번역하고 있습니다. 아가페를 사랑보다는 자선이나 봉사로 표현하는 것이 더 적절할 것 같습니다."

시몬 수사는 다시 차트에 다가가서는 아까 나열했던 특징 옆에 지난 일요일 우리가 논의했던 특징들을 기록했다.

권위와 리더십	아가페적 사랑
• 정직, 신뢰	• 인내
• 바람직한 역할 모델	• 친절
• 배려	• 겸손
• 헌신	• 존중
• 상대방의 말을 잘 듣는 자세	• 이타주의
• 상대방을 돕는 자세	• 용서
• 상대방을 존중하는 자세	• 정직
• 상대방을 격려하는 자세	• 헌신
• 긍정적, 열정적 자세	
• 인정	

수사의 말이 계속되었다. "테레사, 휴식 시간이 끝나면 당신이 도서관에 가서 사전을 빌려왔으면 합니다. 그러면 이런 행동의 정의를 좀 더 상세히 살펴볼 수 있겠죠. 아마도 여러분은 사전적 정의

를 보고 상당히 의아해할 것입니다. 그래 주시겠죠?"

"그럼 화장실에 가도 됩니까?" 하사관이 물었다.

"화장실에는 언제든 가도 됩니다." 수사가 약간 딱딱한 목소리로 대답했다.

사랑의 의미 1: 인내

"인내는 책임있는 행동의 원천입니다."

휴식이 끝난 후 교장이 책상 위에 사전을 활짝 편 채로 말했다. "수사님, 사전에는 첫 단어인 '인내'에 대해 '역경 속에서도 자기 통제력을 발휘하는 것'이라고 서술되어 있습니다."
수사는 그 정의를 기록했다.

> **인내** 자기 통제력을 발휘하는 것

"주여, 부디 제가 인내할 수 있도록 하소서!" 수사가 미소를 지으며 기도하는 흉내를 냈다. "인내, 즉 자기 통제력을 발휘하는 것이 리더의 중요한 자질이라고 할 수 있을까요?"

코치가 먼저 대답했다. "대상자가 누구이든 리더는 자기가 이끄는 이들에게 바람직한 행동의 모델이 되어야 합니다. 만일 리더가 흥분하여 소리를 지르고 통제할 수 없는 지경에 빠져버린다면, 그의 팀이 제대로 통제되거나 책임 있는 행동을 하리라고는 기대하기 어렵죠."

이번에는 간호사가 말했다. "그리고 리더라면, 팀원들이 간혹 실수를 하더라도 상사가 미친 듯이 날뛰며 질책하는 상황을 염려하지 않아도 되는 그런 안정적인 분위기를 조성해야 합니다. 예를 들어, 걸음마를 배우는 아이가 넘어질 때마다 그 아이의 엉덩이를 때린다면 아마 그 아이는 아예 걷는 것 자체를 싫어하게 되겠죠. 그리고 머리를 숙이고 기어다니는 것이 더 안전하며 위험을 자초할 필요가 없다고 생각할 것입니다. 우리 병원에서도 그런 사례를 많이 보았습니다."

"아하, 그렇군!" 하사관이 싱글거렸다. "설사 내 부하들이 정신 나간 짓을 해도 좋게 말하고 열받지 마라! 나도 간혹 그렇게 행동한 적이 있어요."

"그렉, 당신은 지금 우리가 무슨 이야기를 하고 있는지 잘 모르시나 보죠?" 교장 선생이 대꾸했다. "리더라면 사람들이 자신의 책무를 다할 수 있도록 할 책임이 있습니다. 그리고 그들의 존엄성을 존중하면서 잘못된 부분을 지적하는 방법도 여러 가지가 있지요."

이번에는 내가 나섰다. "우리가 조직에서 대하는 이들은 모두가 성인이며 자기의 의사에 따라 조직에 참여한 사람들입니다. 따라서 그들은 우리가 마음대로 때려도 되는 노예나 짐승이 아닙니다. 리더로서 우리가 할 일은 조직에서 설정한 기준과 그들의 업무 성과 사이의 괴리를 지적하는 것이며, 그것을 감정적인 문제로 생각해선 안 됩니다. 즉, 리더는 비록 그 문제를 감정적인 것으로 '생각' 할 수도 있지만 그와 같은 방식으로 문제를 해결하려 해서는 곤란합니다."

목사가 곧바로 내 말을 이었다. "'규율discipline' 이란 말은 '교육시키다' '훈련시키다' 라는 뜻의 'disciple' 에서 유래된 말입니다. 모든 규율은 사람의 행동을 수정하거나 변화시키고 훈련시키기 위한 것이지 결코 처벌하기 위한 것이 아닙니다. 그리고 규율이란 점진적인, 예컨대, 첫 번째 경고 → 두 번째 경고 → 마지막 경고 → '해고' 의 수순을 밟아야 합니다. 존의 말은 옳습니다. 그런 상황에서는 누구든 감정적으로 문제를 해결해선 안 됩니다."

사랑의 의미 2 : 친절

"칭찬을 하려거든 진실하고 특별하게 해야 합니다."

"이제 화제를 바꿔볼까요?" 코치가 제안했다. "테레사, '친절'이라는 단어는 사전에 어떻게 정의되어 있나요?"

테레사가 몇 장을 뒤적거리더니 대답했다. "친절이란 '관심과 인정, 격려의 뜻을 표현하는 것' 입니다." 시몬은 다시 이를 기록했다.

> **친절** 관심, 인정, 격려의 뜻을 표현하는 것

수사의 설명이 이어졌다. "인내와 우리가 논의하는 다른 모든 특징들처럼, 친절 역시 우리의 감정이 아니라 행동과 관련된 용어

입니다. 먼저 관심을 표현하는 것부터 살펴봅시다. 다른 사람에게 관심을 표현하는 것이 왜 리더의 자질이 된다고 생각하십니까?"

"호손 효과Hawthorne Effect 때문입니다." 내가 엉겁결에 대답했다.

"호손 효과는 뭔가요, 존 선생님?" 그렉이 또 놀리는 말투였다.

"오래전에 메이요Mayo라고 기억하는 인물을 포함한 하버드 대학 연구원들이 뉴저지 주 호손에 있는 웨스턴 일렉트릭Western Electric사社 공장에서 직원 작업환경과 노동 생산성 사이의 상관관계를 규명하려 한 적이 있었죠. 한 가지 실험으로 그가 공장의 불을 충분히 밝히자 생산성이 급격히 향상되었습니다. 얼마의 시간이 지난 후 이번에는 다른 변수 없이 불빛을 다시 원래 상태로 했습니다. 그랬을 때 생산성에는 어떤 변화가 있었을까요?"

"물론 다시 떨어졌겠지요?" 하사관이 시큰둥한 표정으로 대답했다.

"천만에요, 노동 생산성이 다시 상승하기 시작했죠. 그래서 생산성 향상은 단순한 조명의 밝기에 있는 것이 아니라 누군가 자신들에게 관심을 가지고 있다는 데서 비롯된 것이라는 결론을 내렸습니다. 이를 호손 효과라고 부르지요."

"고맙습니다, 존." 수사가 감사해했다. "듣고 보니 저도 그 생각이 나는군요. 중요한 건 직원들에 대한 관심이지요. 그리고 그들에게 관심을 보일 수 있는 가장 큰 기회는 바로 그들의 이야기를 적극적으로 경청하는 것입니다."

"'적극적인 경청'이란 정확히 어떤 뜻인가요, 수사님?" 간호사가 물었다.

"많은 사람들은 다른 사람이 말할 때 침묵을 지키는 것이 수동적인 태도라고 잘못 생각하고 있습니다. 여기 있는 우리는 스스로를 남의 말에 귀를 기울이는 사람이라고 생각할지도 모릅니다. 하지만 우리가 흔히 범하는 실수는 남의 이야기를 선택적으로 듣는다는 것입니다. 즉, 남의 말을 사의적으로 해석하고, 경우에 따라서는 대화를 중단시키고 우리가 원하는 방향으로 전개하려는 방법을 생각하게 됩니다."

교장이 말했다. "윌 로저스Will Rogers가 한 말이 생각나네요. '바로 다음에 발언할 순서가 아니라면 누구도 남의 이야기에 귀 기울이지 않을 것이다.'"

수사는 미소 띤 얼굴로 고개를 끄덕였다. "다른 사람이 말하는 순간에도 우리는 수많은 생각들을 합니다. 그래서 남의 말을 듣는 동안 온갖 잡음이 머릿속을 메우게 되죠."

솔직히 수사가 이 말을 하는 순간에도 나는 레이첼이 집에서 뭘 하고 있을까 하고 생각했다.

"적극적인 경청이란 바로 여러분의 머릿속에서 형성되는 과정입니다." 수사의 말이 이어졌다. "적극적으로 경청하기 위해서는 대화 도중 침묵을 지키며 다른 사람의 생각을 이해하려는 노력이 있을 때 가능합니다. 그리고 자기 자신을 온전히 희생하여 머릿속의 잡음을 떨쳐버리고 단 몇 분이라도 상대방의 세계에 들어설 수 있을 때 가능합니다. 적극적인 경청이란 말하는 사람이 바라보는 것과 동일한 시각을 갖기 위해, 말하는 사람이 느끼는 것과 동일한 감정을 가지기 위해 노력하는 과정입니다. 이런 과정을 감정이입 empathy이라고 표현하며 그러기 위해서는 부단한 노력이 필요합니다."

간호사가 수사의 말을 받았다. "출산 센터에서는 환자와 '함께 하는 것'을 두고 감정이입이라는 용어를 사용합니다. 함께한다는 것은 단순히 육체적인 것뿐만 아니라 정신적, 감정적인 것 모두를 포함하지요. 물론 쉬운 일은 아닙니다. 특히 신경을 써야 하는 다른 문제들이 있을 때는 더욱 그렇죠. 생명을 탄생시키는 사람과 함께한다는 것, 그들의 욕구를 적극적으로 경청하고 또 만족시킨다는 것은 한마디로 큰 축복이 아닐 수 없습니다. 우리가 환자들의 사회적 지위를 떠나 함께하는 모습을 보일 때 환자들 역시 우리의 노력을 인식하고 인정해 줍니다."

교장이 고개를 끄덕이며 말했다. "아시다시피 우리가 다른 사람과 의사소통을 하는 방법에는 읽기와 쓰기, 말하기, 듣기의 네 가지 방법이 있습니다. 의사소통에 대한 통계에 따르면, 사람들은 평균적으로 듣기에 약 65%, 말하기에 20%, 읽기에 9%, 쓰기에 6%의 시간을 할애한다고 합니다. 하지만, 우리 학교의 경우를 살펴보면 읽기와 쓰기 교육은 상당한 수준으로 이루어지고 있고 말하기에 대해서도 한두 개의 선택과목이 설정되어 있습니다. 그러나 듣기 능력을 배양하기 위해 설정된 교과 과정은 하나도 없는 실정입니다. 듣기 능력은 아이들이 가장 폭넓게 사용해야 할 기술인데도 말이죠."

"네, 그렇군요. 감사합니다, 테레사." 시몬이 계속했다. "그렇다면, 우리가 귀기울여 적극적으로 상대방의 말을 경청할 때 의식적으로 혹은 무의식적으로 그들에게 전해지는 메시지는 어떤 것일까요?"

간호사가 대답했다. "정신적인 것을 포함하여 주위를 산만하게 하는 모든 요소를 제거함으로써 말하는 사람을 배려한다는 강한 메시지를 전달하게 됩니다. 즉, 말하는 사람의 중요성을 부각시키는 것이죠. 수사님께서 말씀하신 대로, 일상생활에서 타인에게 관심을 표시하고 그들의 가치를 부각시킬 수 있는 가장 좋은 방법은 그 사람의 말을 경청하는 자세인 것 같아요."

교장이 말했다. "처음으로 교장 직책을 맡았을 때 저는 제 임무가, 교사와 학생들이 문제를 상의해올 때 그 문제를 해결해주는 것이라 생각했습니다. 하지만 시간이 지나면서 그들의 문제를 단순히 들어주고 나누는 것만으로도 짐을 덜어줄 수 있다는 것을 알게 되었지요. 즉, 문제를 다른 사람에게 말하고 감정을 표현하는 것만으로도 카타르시스 효과를 유발하게 됩니다. 저는 학교에 있는 제 사무실 벽에 어느 이집트 왕의 격언을 붙여두었습니다. '국민의 말과 호소에 귀 기울여야 하는 입장에 있는 사람은 참을성 있게 노력해야 한다. 국민은 문제의 해결보다는 그들의 말에 관심을 가져주는 사람을 기대하기 때문이다.'"

수사가 동의하듯 웃음을 띠었다. "타인에 대한 관심은 인간의 당면한 욕구이며 리더라면 결코 무시해서는 안 될 태도입니다. 리더의 역할은 사람들의 당면한 욕구를 규명하고 충족시키는 것임을 명심하시기 바랍니다. 50년 전 이맘때였을 겁니다. 제가 아내 리타와 결혼식을 올리던 날 지금은 돌아가신 어머니께서 해주신 말씀이 아직도 기억에 생생합니다. 어머니는 여자를 절대 무시해서는 안 된다고 하셨지요. 그런데 저는 그 말을 주의깊게 여기지 않았고, 그래서 리타와 여러 번 충돌했습니다. 사랑을 표현하는 가장 좋은 방법 중 하나는 관심이라는 것을 기억하시기 바랍니다."

"한 가지 사건이 생각났습니다." 내가 말했다. "공장에서 노조 운동이 다시 대두되고 있을 즈음 제가 여러 번 들었던 말이 있습니다. 직원들이 생각하기에는 회사가 그들의 존재를 잊었으며 초창기와 같은 관심을 보이지 않는다는 것이었죠. 하지만 노조에서는 그들에게 무한한 관심을 쏟고 있었고 직원들은 거기에서 위안을 찾고 있었습니다. 즉, 사람은 자신들의 욕구를 충족시킬 방법을 찾게 마련이지요."

"모두들 좋은 말씀을 해주신 데 대해 감사드립니다." 수사가 말했다. "이제 친절에 대한 정의로 되돌아가볼까요? 테레사가 읽은 것처럼 친절이란 타인에게 관심과 인정, 격려의 뜻을 표현하는 것입니다. 여러분은, 사람들이 인정과 격려에 대한 욕구가 있다고 생각하십니까, 아니면 그런 것은 단순한 기대에 불과할까요?"

하사관이 불쑥 대답했다. "나를 인정해주길 바라는 욕구 따위는 없어요. 그저 할 일이 주어지면 그 일을 할 뿐이죠. 부하들을 리드 할 때도 마찬가지입니다. 그들이 입대한 것, 그리고 월급을 받는 것도 주어진 일을 하기 때문이죠. 그런데 그런 것들이 도대체 왜 필요하단 말입니까?"

목사가 먼저 밀렸다. "미국이 낳은 가장 위대한 철학자라고 할 수 있는 윌리엄 제임스William James는, 인격의 한 가운데에는 인정받고 싶어 하는 욕구가 있다고 했소. 내 생각에 그런 욕구가 없다고 말하는 사람들은 아마 다른 문제에 대해서도 거짓말을 밥먹듯 하는 사람들일 거요."

"그만하시오, 목사." 하사관이 경고하듯 말했다.

그러자 간호사가 끼어들었다. "그렉, 군대에서는 복무기간과 성취한 업적을 인정해주는 공식적 표현으로 훈장이라는 것을 매우 소중하게 여긴다는데 그렇지 않나요?"

교장이 말했다. "한 장군은, 인생을 절대 남에게 팔려고 하지 않는 사람도 화려한 훈장 하나에 인생을 거저 줄 것이라고 했어요."

나도 한마디 거들었다. "내가 아내에게 이렇게 말했다고 가정해 봅시다. '여보, 우리가 결혼할 때 내가 당신을 사랑한다고 했었지. 만일 그렇지 않더라도 나는 당신에게 돌아갈 거야. 그리고 생활비도 매주 한 번씩 집으로 가져올 것이고.' 이런 경우도 특별한 관계가 아닐까요?"

놀랍게도 하사관은 고개만 끄덕일 뿐 아무런 대꾸도 하지 않았다.

간호사가 다시 말했다. "제 인생에 가장 영향을 준 한 사람은 20

년 전 분만실에 근무하던 저의 첫 수간호사였어요. 그분이 한번은, 자신은 병원의 모든 직원들이 두 겹으로 된 광고판을 뒤집어쓰고 있는 모습을 자주 마음속으로 그려본다고 하더군요. 한 면에는 '나를 인정해주시오'라고 적힌, 그리고 반대편에는 '내가 나의 진가를 깨닫도록 도와주시오'라고 적힌 광고판 말이죠. 그분은 직원들로부터 굉장한 권위를 누리고 있었습니다. 그리고 그 당시에 저는 그 말이 무엇을 의미하는지 잘 몰랐어요."

수사가 말했다. "친절이란 스스로 원하기 때문에 하는 행동으로 상대방에 대한 감정과는 관계가 없습니다. 다시 말씀드리지만, 사랑이란 상대방에 대해 어떻게 느끼느냐가 아니라 어떻게 행동하느냐의 문제지요. 조지 워싱턴은 친절에 대해 이렇게 말했습니다. '타인에게 친절하라. 인생을 얼마나 뜻 있게 사느냐는 젊은이들에 대한 상냥함, 노인들에 대한 동정심, 노력하는 이에 대한 호의, 약자와 강자에 대한 관용에 있다. 왜냐하면 당신도 머잖아 그 길을 걷게 될 것이기 때문이다.'"

코치가 말했다. "남을 칭찬하는 것 역시 중요합니다. 상대방의 '갈매기'와 같은 성향과 잘못된 행동에만 관심을 갖기보다는 장점을 발견하고 칭찬하는 것 말이죠."

"옛말에, 구하면 얻게 된다는 말이 있습니다." 목사의 말이 이어졌다. "그 말은 진리예요. 심리학자들은 이를 두고 '선택적 지각 selective perception'이라고 합니다. 예를 들어, 제 아내와 저는 아이를 가진 이후로 미니밴을 구입하고 싶었고, 저는 특히 포드사의 윈드

스타가 마음에 들었지요. 그런데 제가 그 차를 구입하려고 생각하기 전에는 거리에서 그 차를 보았던 기억이 전혀 없었는데, 막상 관심을 갖게 되자 어딜 가더라도 윈드스타가 눈에 띄는 겁니다. 저는 그것을 동시다발적 현상 또는 그 비슷한 거라고 생각했지요. 리더가 되는 것도 그와 비슷하다고 봅니다. 만일 상대방의 장점과 그들의 바람직한 행동에 관심을 가진다면 머잖아 전혀 기대하지 않았던 그들의 새로운 면모를 발견하게 될 것입니다."

수사의 부연 설명이 있었다. "칭찬을 받는다는 것은 인간의 기본 욕구이며 건전한 관계 형성에 대단히 중요한 역할을 합니다. 그런데 칭찬을 하는 데도 반드시 기억해야 할 두 가지가 있습니다. 첫째, 칭찬은 진실해야 하고, 둘째, 칭찬은 특별해야 합니다. 그저 사무실을 어슬렁거리며 '모두들 수고했어요' 하고 칭찬한다면 아무런 효과를 기대하기 힘들 것이며, 어쩌면 정말 열심히 일한 사람들이 게으름을 피운 사람들과 동일하게 취급된다는 불만을 야기할 수도 있습니다. 따라서 이런 식으로 진지하고 특별하게 말하는 것이 좋겠지요. '조, 자네는 지난밤에 무려 250개의 제품을 생산했더군. 정말 수고했네.' 여러분은 사람들의 특별한 행동을 강화reinforce시킬 수 있어야 합니다. 강화시킨 행동은 또 다시 반복되기 때문입니다."

사랑의 의미 3 : 겸손

"진정한 자아를 아는 자만이 참으로 겸손한 것입니다."

"이제 사랑에 대한 정의 중 세 번째 용어를 살펴볼까요?" 교장이 사전을 뒤적거리며 제안했다. "겸손이란 '진실하고 가식이 없으며 거만하거나 뽐내지 않는 것' 이라고 나와 있습니다."

> **겸손** 진실하고 가식이 없으며 거만하거나 뽐내지 않는 것

교장이 물었다. "수사님, 리더에게 이 덕목이 필요한 이유는 무엇인가요? 제가 아는 리더들은 대부분 자기중심적이고 이기적인 사람들뿐인데요."

"맞아요, 맞아." 하사관이 갑자기 튀어나왔다. "리더는 책임감과 강한 면모를 가져야 하고 필요하다면 멍청이들을 조직 밖으로 내쫓을 수 있어야 합니다. 미안한 말이지만, 나는 그런 나약하고 얌전한 처신은 원하지도 않아요."

목사가 다시 그를 바라보면서 말했다. "다섯 권으로 된 구약성서 첫 부분인 모세 5경에서는 세상에서 가장 겸손한 사람으로 모세를 꼽고 있소. 모세가 누구였던가요? 격노하여 십계명을 깨뜨리고, 동료인 헤브루 인들을 괴롭힌 이집트 인들을 죽였으며, 늘 하느님과 충돌한 인물입니다. 이래도 그를 나약하고 얌전한 사람이라고 할 수 있을까요, 그렉?"

"목사, 뭘 말하고 싶은 거요?" 그가 비꼬듯 말했다.

다행히 코치가 그들 사이에 끼어들었다. "리더에게 바라는 것은 진실성, 즉 타인을 진지하게 대할 수 있는 능력이지, 잘난 척 우쭐거리는 이기적인 태도가 아닙니다. 그리고 자아는 완벽하지 못한 것으로 상대방과의 관계에 장애가 될 수도 있습니다. 자기만이 똑똑하다고 핏대를 올리거나 거만한 리더는 결코 사람들과 좋은 관계를 맺을 수 없습니다. 그런 거만함은, 누구도 그 내용을 확실하게 알지 못하거나 밝힌 사람이 없을 때 비롯되는 거짓된 태도입니다. 제가 생각하는 겸손이란, 스스로를 폄하하는 것이 아니라 스스로를 낮추는 것입니다."

"우리는 서로에게 필요한 존재입니다." 간호사가 낮은 목소리로 말했다. "거만함과 자만심은 우리가 원하는 덕목이 아닙니다. 지금

이 나라에는 이기주의의 망령이 뒤덮고 있어 서로에게 의지하는 풍토가 사라지고 있습니다. 웃을 일이 아니죠! 내가 태어날 때 어머니 몸밖으로 나오는 나를 받아준 사람, 내 기저귀를 갈아주고 젖병을 물려주며 양육해준 사람, 내게 읽고 쓰는 법을 가르쳐준 사람은 내가 아니었습니다. 지금도 먹거리를 생산하는 사람, 우편물을 배달하는 사람, 쓰레기를 수거하는 사람, 전기를 공급하고, 도시의 치안을 유지하며, 국가를 방어하는 사람, 내가 늙고 병들었을 때 나를 편안하게 간호해줄 사람, 그리고 내가 죽었을 때 내 몸을 땅속에 묻어줄 사람 역시 내가 아니라 다른 사람들인 것입니다."

시몬 수사가 노트를 대충 훑어보고는 말했다. "이름 없는 한 현자가 이렇게 말했습니다. '겸손하다는 것은 자신과 자신의 한계를 정확히 아는 것에 지나지 않는다. 진정한 스스로를 아는 자만이 진정으로 겸손한 자이다.' 겸손이란 타인과의 진실한 관계를 형성하는 것이며 거짓된 가면을 버리는 것입니다. 자, 다음 단어는 무엇이지요, 테레사?"

사랑의 의미 4 : 존중

"그들은 '소중하기 때문에' 존중받아야 합니다."

"존중입니다." 교장이 다시 사전을 읽었다. "존중이란 '타인을 소중한 존재로 대하는 것' 이라고 적혀 있습니다."

> **존중** 타인을 소중한 존재로 대하는 것

"그만 됐어요. 나는 틀렸으니까." 하사관이 말했다. "수사님이 영향력과 사랑에 대해 거론할 때부터 나는 짜증이 나기 시작했어요. 그런데 이제는 멍청한 녀석들한테까지 친절하고 인정하며 존중하라고 합니다. 생각해보세요. 나는 그런 녀석들을 꼴도 보기 싫어하는 군대의 상사인데, 수사님은 자꾸 내 스타일과는 다른 행동을 요구하시니 정말 미치겠습니다. 내게는 자연스러운 나만의 방식이 있는데도 말입니다."

수사가 조용하게 대답했다. "그렉! 만일 제가 당신 부대에 군 최고 계급의 인물들을 데리고 온다면 당신은 아마도 그들을 존중하고 인정하는 마음을 갖게 될 것입니다. 어쩌면 지금껏 우리가 논의해온 여러 다른 행동을 보일 수도 있겠죠. 그리고 당신이 사용하는 용어처럼 '엿 같은 행동'을 당신에게서 찾아볼 수는 없겠죠, 그렇지 않습니까?"

하사관이 수사를 노려보며 말했다. "그거야 뭐 그렇겠죠! 장군이라면 매우 중요한 사람이고 충분히 나로부터 존중을 받아야 할 사람이니까요."

"잘 생각해봐요, 그렉." 내가 말했다. "당신이 한 말을 곰곰이 생각해보면 당신은 이미 존중과 인정을 표현하는 방법에 대해서는 잘 알고 있소. 문제는 '당신이 생각하기에 중요한 사람'에게만 그런 행동을 보인다는 점이요. 결론적으로 당신은 충분히 그런 행동이 가능하지만, 단지 관심의 대상자를 당신 스스로 선택할 뿐이잖소?"

수사가 화제를 돌렸다. "우리는 과연 우리가 이끄는 사람들을 소중한 존재로 대했던가요? 지게차 운전사를 기업의 회장으로, 학생들을 교육위원회 장학관으로, 간호사를 의사로, 사병을 장군으로 가정해봅시다. 그렉, 당신은 모든 소대원들을 중요한 인물인 장군처럼 대우할 수 있을까요?"

"물론, 가능하기야 하겠지요. 좀 어려워서 탈이지만." 하사관이 마지못해 양보하듯 대답했다.

"그래요, 그렉." 시몬의 말이 계속되었다. "반복되는 얘기지만 리더십은 커다란 노력을 필요로 합니다. 리더는 그들이 이끄는 사람들에게 손을 뻗쳐야 할지 밀어야 할지 선택해야 합니다."

"그러나 내가 존중하는 대상은 존중을 받을 만한 가치가 있는 사람들입니다." 하사관은 계속해서 반대 의견을 내세웠다. "결과적으로, 존중이란 받는 것 아닙니까?"

간호사가 특유의 부드럽고 친근한 목소리로 대답했다. "저는 옛 격언이 리더에게 나쁜 패러다임으로 작용할 수도 있다고 생각합니다. 저는 하느님이 악인들, 즉 문제 있는 행동을 일삼는 사람들을 창조하지는 않았다고 믿고 있습니다. 그런데 우리 모두에게는 조금씩 행동상의 문제가 존재하고 있습니다. 그렇다면 누구도 인간이라는 이유로 '존중' 되어서는 안 된다는 것일까요? 테레사는 존중이란 단어를 두고 '타인을 소중한 존재로 대하는 것'이라고 정의했습니다. 저는 이 정의의 끝에 '그들은 소중하기 때문에'라고 덧붙여야 한다고 생각합니다. 제 말이 이해가 가지 않는다면 이렇게 생각해 보죠. '그들은 나의 팀, 나의 소대, 나의 부서, 나의 가족의 일원이기 때문에 '존중' 되어야 한다.' 리더는 자기가 이끄는 사람들의 성공에 대해 지대한 관심을 가져야 합니다. 실제로, 리더로서 우리의 역할은 그들이 성공할 수 있도록 후원하는 것이겠죠."

그 여자는 계속해서 나를 놀라게 했다.

시몬 수사가 시계를 들여다보고는 말했다. "네, 네, 무슨 말씀인지 알겠습니다. 이제 다음 시간에 논의를 계속하는 게 나을 것 같습니다. 모두들 정오 미사에 참석하고 싶어하니까요, 그렇지 않습니까?"

사랑의 의미 5 : 이타주의

"전쟁터에서는 장교보다 병사들이 먼저 식사를 합니다."

두 번째 시계 벨이 울리자마자 수사는 오후 강의를 시작했다.

"테레사, 다음 단어는 무엇입니까?"

"먼저 질문이 있는데요, 수사님? 수도사들은 왜 시간에 그렇게 예민한 건가요? 여기서는 모든 일이 정확히 제시간에 이루어지더군요."

"좋은 질문입니다, 테레사. 사실 저는 이 수도원에 오기 훨씬 이전부터 시간에 집착하는 사람이었습니다. 리더가 하는 모든 행동은 메시지를 전한다는 사실, 기억하시죠? 우리가 약속이나 회의 또는 여타 다른 상황에 늦게 참석한다면 다른 사람들은 어떤 생각을 하게 될까요?"

"시간을 안 지키면 정말 짜증나지요!" 코치가 말했다. "저는 이곳에서 시간을 중요시한다는 사실이 맘에 들어요. 예측한 대로 일이 진행되니까요. 수사님의 질문에 답을 드리자면, 다른 사람들이 시간을 지키지 않을 경우 저는 여러 가지를 생각하게 됩니다. 한 가지는, 그들의 시간이 마치 먼저 도착한 사람들의 시간보다 중요하다는 듯 거만한 인상을 받게 되지요. 그리고 그런 사람들은 대부분 중요한 사람과의 약속에서는 정확히 시간을 지키기 때문에 우리는 그들에 비해 중요치 않은 사람이라는 생각을 하게 됩니다. 또한 그 사람들로부터 정직하지 못하다는 인상을 받습니다. 왜냐면, 정직한 사람은 사소한 일이라도 자신이 했던 말에 책임을 지거든요. 시간을 지키지 않는다는 것은 지극히 무례한 행동이며 일종의 습관입니다." 말이 끝나자 코치가 크게 심호흡을 하고는 말했다. "설교할 기회를 주셔서 감사합니다."

수사가 미소를 머금고 말했다. "더 이상 드릴 말씀이 없네요. 테레사의 질문에 충분한 답이 되었다고 생각합니다. 자, 이제 다음 정의를 살펴 볼까요?"

"이타주의입니다. 잠시만 기다려…… 아, 찾았습니다. 이타주의란 '자신의 욕구와 상충될지라도 타인의 욕구를 충족시키는 것' 이라고 되어 있습니다."

이타주의 타인의 욕구를 충족시키는 것

"고맙습니다, 테레사. 그러면 이타주의와 반대 개념인 이기주의는 '타인의 욕구와 상충될지라도 자신의 욕구를 충족시키는 것'이라고 하면 되겠죠? 이타주의란 비록 자신의 욕구와 기대가 희생되더라도 타인의 욕구를 우선하는 행위입니다. 이것 역시 리더십을 적질하게 정의하고 있습니다. 자신보다 먼저 타인의 욕구를 충족시키는 것."

하사관이 말했다. "선생터에서는 장교보다 병사들이 먼저 식사를 합니다."

이번에는 내가 반대 의견을 내세웠다. "하지만 다른 사람들의 욕구 해결에만 관심을 둔다면, 결국 그들을 응석받이로 만들고 우리의 것을 가로채는 존재로 전락시키지 않을까요?"

"주의깊게 듣질 않으셨군요, 존 선생." 하사관이 킬킬거렸다. "우리는 욕구를 충족시키는 것이지 기대를 충족시키는 것이 아니오. 만일 그들의 정신적, 육체적 안정을 위해 필요한 것들을 제공한다면 그들을 망칠 이유가 없소. 우리가 충족시키고자 하는 것은 기대가 아니라 욕구라는 사실, 노예가 아니라 봉사자가 되어야 한다는 것을 기억하시오. 수사님, 이만하면 괜찮은 건가요?"

주위의 탄성 속에 수사는 교장에게 다음 정의를 부탁했다.

사랑의 의미 6 : 용서

"사람은 자기가 사랑하는 만큼 용서합니다."

"다음 단어는 '용서' 입니다. 용서란 '잘못을 하더라도 책망하지 않는 것' 입니다." 테레사가 사전을 보며 설명했다.

용서	잘못을 하더라도 책망하지 않는 것

"흥미로운 정의 아닙니까?" 수사가 말했다. "누군가 당신에게 잘못을 했는데도 탓하지 마라! 왜 이 정의가 리더가 되는데 필요한 덕목일까요?"

"사람은 완벽하지 못한 존재이며 상대방을 실망시킬 수 있기 때문입니다." 간호사가 대답했다. "제 생각에 리더의 위치에 있는 사람들은 이런 경우를 많이 경험할 것입니다."

하사관은 이 단어도 마음에 들지 않는 모양이었다. "그러면 나한테 잘못을 한 사람도 모르는 척 잠자코 있으라는 얘긴가요? 저 같으면 차라리 가볍게 머리를 한 대 치고는 '괜찮아!' 하고 끝냅니다. 그게 낫지 않나요?"

"아뇨, 그렇지 않습니다."

수사가 반론을 내세웠다.

"그건 완전한 방법이 아닙니다. 용서란 잘못된 행동을 없었던 것으로 하거나 도출된 행동을 가지고 왈가왈부하는 것이 아닙니다. 그리고, 피해를 묵인하며 수동적으로 행동하거나 타인의 인격을 침해하며 공격적으로 행동하는 것도 아닙니다. 단호한 행동을 보여야 합니다. 단호한 행동이란 개방적이고 솔직하며 타인과의 직접적인 행동을 의미하며 반드시 상대방에 대한 존중을 바탕으로 이루어져야 합니다. 용서란 문제가 유발된 상황을 이처럼 단호하게 다루는 것이며, 그로 인해 어떤 원망도 하지 않는 것을 의미합니다. 리더로서 당사자에 대한 원망을 감내할 수 없다면 불필요한 노력을 허비하게 될 것이며 비효율적인 상황에 빠지게 될 것입니다."

내게도 '전해지는 바'가 있었다. "정신과 의사인 제 아내는 원망이 인격을 파괴한다고 늘 환자들에게 말하곤 합니다. 가슴속에 오랫동안 원망을 담아두고 사는 사람들의 인생이 결국 불행해진다는 사실을 모르는 사람은 아마 없을 것입니다."

내 룸메이트가 말했다. "버디 하켓 Buddy Hackett 이 이렇게 말했죠. '당신이 원한에 사로잡혀 있는 순간, 다른 이들은 즐겁게 춤을 추고 있다!'"

사랑의 의미 7 : 정직

"직원들이 리더에게 가장 바라는 것은 '정직' 입니다."

"모두들 좋은 말씀들을 해주셨습니다." 수사가 미소를 지었다. "지난 일요일 제가, 우리 모두는 어떤 개인보다도 현명하다고 했던 것 기억나시죠? 테레사, 정직에 대해서는 사전에 어떻게 적혀 있나요?"

"정직이란 '속이지 않는 것' 입니다."

정직 속이지 않는 것

"저는 정직을, 거짓말을 하지 않는 것이라고 생각했습니다." 코치가 천천히 말했다. "그런데 속이지 않는 것이라면 그보다 광범위한 정의인 것 같은데요, 그렇지 않습니까?"

교장이 말했다. "우리는 학교에서, 거짓말이란 다른 사람을 속일 의도로 행하는 의사소통이라고 가르칩니다. 진실을 말하지 않거나 억제하는 행동을 흔히 '선의의 거짓말'이라고도 하지만, 어쨌거나 거짓말인 셈이죠."

"이걸 기억하십시오." 수사가 말했다. "정직이란 사람들이 그들의 리더로부터 기대하는 것 중에서 가장 상위를 차지하는 덕목입니다. 그리고 흔히들 (정직에 바탕을 둔) 진실이 인간관계를 유지하는 매개체라고 하지요. 그러나 정직 역시 사랑의 일부분입니다. 정직이란 사람들의 기대를 구체화하고, 사람들이 책무를 다할 수 있도록 후원하며, 기쁜 소식과 함께 나쁜 소식도 기꺼이 전해줄 수 있고, 피드백을 나누며, 일관적이고, 예측이 가능하며, 공정한 것 등을 모두 포괄합니다. 정리하면, 정직이란 남을 속이지 않고 어떤 대가를 치르더라도 진실을 옹호하는 것을 말합니다."

내 룸메이트가 다시 말했다. "기업에 몸담고 있을 때 한 조언자가 말하기를, 직원들이 업무에 충실하지 않는 것은 리더가 정직하지 못하기 때문이라고 했습니다. 그리고 회사가 설정한 기준에 따라 그들의 책무를 다하도록 하지 못하는 리더는 곧 도둑이요 거짓말쟁이라고 했지요. 즉, 직원들이 임무를 완수할 수 있도록 자본을 투자하는 주주들에게서 도둑질을 하는 것이며, 매사가 순조롭지 못한데도 그 같은 사실을 직원들에게 알리지 않는 거짓말쟁이라는 뜻이었습니다."

내가 덧붙였다. "저는, 직원들이 만족하고 있으면 담당한 부분이 제대로 운영되고 있다고 생각하는 감독관들을 여러 명 보았습니다. 그들은 직원들로부터 미움을 사는 것이 두려워 비효율적인 운영 과정에 대해 논의하는 것조차 거부하는 사람들이었지요. 그런데도 저는 이런 행동을 정직하지 못한 것이라고 생각해본 적은 없었습니다. 그러나 지금은, 대부분의 사람들이 리더를 후원할 수 있는 방법을 알고자 하고, 또 필요로 한다고 생각합니다."

사랑의 의미 8 : 헌신

*"누구나 뭔가에 '쓸모 있기'를 바라지만
'헌신하기'를 바라지는 않습니다."*

"좋습니다. 이제 헌신에 대해 살펴볼까요, 테레사?" 수사가 요청했다.

"잠깐만요. 예, 여기 있군요. 헌신이란 '자신의 선택에 전념하는 것'이라고 되어 있습니다."

> **헌신** 자신의 선택에 전념하는 것

수사는 한동안 침묵을 지키더니 입을 열었다. "헌신이란 다른 어떤 것보다도 중요한 행동이라 할 것입니다. 그리고 헌신하는 자세를 통해 인생에 전념할 수 있습니다. 이것은 매우 중요한 덕목입니다. 왜냐하면, 지금 우리가 논의하고 있는 내용은 한결같이 상당한 노력을 필요로 하는데, 만일 리더로서의 직무에 헌신할 수 없다면 모든 것을 포기하고 과거의 권력에 안주하기 십상이기 때문입니다. 그러니 불행히도, 요즘 세상에서 헌신이란 단어를 찾아보기란 쉽지 않습니다."

간호사가 큰소리로 짓궂게 외쳤다. "아이를 원치 않으면 낙태를 하고, 배우자가 싫어지면 이혼을 하며, 할아버지가 싫다면 안락사란 것도 있습니다! 싫은 건 뭐든지 버리는 사회를 건설합시다!"

하사관이 싱긋 웃더니 말했다. "누구나 뭔가에 '쓸모 있기'를 바라지만 '헌신하기'를 바라지는 않지요. 이 둘 사이에는 큰 차이가 있습니다. 혹시 여러분이 달걀과 베이컨을 먹을 기회가 있다면 이 말을 기억하세요. 닭은 쓸모가 있었지만 돼지는 헌신했다는 사실!"

"와, 그거 일리 있는 말이네요." 그렉은 시간이 지날수록 괜찮은 사람이란 생각이 들었다.

모두가 그렉의 말을 되새기는 듯 한동안 침묵이 흘렀다. 이윽고 시몬 수사가 침묵을 깨고 말했다. "진정한 헌신이란 개인과 집단이 지속적으로 함께 성장한다는 비전vision을 말합니다. 헌신적인 리더는 지속적으로 스스로를 성장시켜 최고의 리더로 자리매김하고, 그가 이끄는 사람들 역시 그러한 방향으로 유도합니다. 또한 헌신이란 리더로 하여금 직원들과 팀을 최고로 만들기 위해 스스로를 채찍질하게 하는 열정입니다. 하지만 우리 스스로가 헌신적인 노력으로 최고가 될 각오가 되어 있지 않으면서도, 우리가 이끄는 사람들에게 최고가 되어야 한다고, 지속적으로 성장해야 한다고 요구하는 것은 금물입니다. 모두의 성장을 위해서는 개인이나 집단이 지향하는 목표에 대한 리더의 헌신, 열정, 비전이 필요한 것입니다."

목사가 덧붙였다. "그리고 성서에서는, 비전이 없다면 인류는 멸망할 것이라고 했지요."

"설교는 질색입니다, 목사 양반." 하사관이 내 룸메이트의 비위를 건드렸다.

"사랑과 헌신, 리더십, 타인에 대한 영향력 등 이 모두를 제가 소화하기에는 너무 벅찬 것 같습니다." 내가 한숨을 섞어 말했다.

"그럴 수도 있습니다, 존." 수사가 대답했다. "하지만 이 모두는 과거 우리가 리더가 되려 했을 때 이미 각오했던 것들입니다. 누구도 이것을 쉽게 터득하지는 못했습니다. 타인을 사랑하기로, 타인에게 영향력을 미치기로 결정했다면, 인내와 친절, 겸손, 존중, 이타주의, 용서, 정직, 헌신, 이 모든 덕목이 요구되는 것입니다. 그리고 이런 행동은 우리로 하여금 타인에 대한 봉사와 희생을 요구합니다. 경우에 따라서는 자아를 희생시킬 수도 있고 좋지 못한 기분을 감수해야 할 때도 있습니다. 그리고 단호함을 유지하기 위해 꾸짖고 싶은 욕망을 견뎌야 할 때도 있습니다. 비록 원치 않는다 하더라도 타인에 대한 사랑과 영향력을 위해서는 스스로를 희생해야 하는 것입니다."

테레사가 말했다. "하지만 수사님께서 말씀하신 대로, 우리에겐 행동을 결정할 선택권이 있어요. 노력을 해서라도 상대방에게 사랑을 표현하기로 한다면 마땅히 봉사와 희생을 감수할 것입니다. 그리고 봉사와 희생은 곧 그들과의 사이에 권위를 형성하게 되고, 권위가 형성되었다는 것은 곧 리더로 불릴 수 있는 자격을 확보한 것이겠지요."

코치가 다른 의견을 제시했다. "당신 말뜻은 충분히 알겠습니다. 그리고 나도 일부 동의합니다. 하지만 그렇게 행동하는 것은 마치 사람들을 교묘하게 이용하는 것처럼 들리는군요." 교장이 대답했다. "'이용manipulation'이란 사전적으로 '개인'의 이익을 위해 타인에게 영향을 미치는 것입니다. 그리고 제가 생각할 때, 지금 시몬 수사님이 강조하는 리더십 모델은 '상호' 이익을 위해 영향을 미치는 것입니다. 만일 내가 진정으로 사람들의 욕구를 규명하고 충족시키고 있다면 그리고 나의 봉사가 적절한 것이라면, 상대방은 당연히 나의 영향력으로부터 혜택을 가진다고 보아야 하겠지요. 그렇지 않습니까, 수사님?"

"대체로 집단이란 이런 원칙들을 개인보다는 조화롭게 운영하고 있지요. 고맙습니다."

목사가 언급했다. "한번은 유명한 작가이자 목사, 연설가, 교육자인 토니 캄폴로Tony Campolo가 성인이 된 젊은이들을 대상으로 결혼에 대해 강의한 테이프를 들은 적이 있습니다. 그는 젊은 연인들을 볼 때마다 '왜 결혼을 해야 합니까?' 하고 묻는데, 대답은 한결같이 '서로가 정말로 사랑하기 때문이지요' 였답니다. 토니는 다시 이렇게 질문합니다. '그것보다 다른 이유가 있을 텐데요, 그렇지 않나요?' 그러면 연인들은 보통 무슨 이런 황당한 질문이 다 있나 하고 서로 어리둥절한 표정으로 쳐다보다가 이렇게 대답하지요. '그보다 중요한 이유가 있을까요? 우리는 서로 사랑하기 때문이에요!' 토니는 이렇게 대답합니다. '두 분은 지금 서로에게 매우 따뜻한 감정을 가지고 있고, 호르몬도 활발하게 분비되고 있습니다. 좋은 현상이지요. 그런데 미래에 이런 감정이 사라진다면 과연 두 분의 관계는 어떻게 변할까요?' 그러면 분명 두 연인은 확신에 찬 표정으로 서로를 바라본 다음 반항하듯 이렇게 말한답니다. '우리는 절대 그렇지 않을 겁니다!'"

강의실은 폭소로 떠나가는 듯했다.

"여러분 중 몇몇은 아직 신혼이죠?" 내 룸메이트가 말했다. "아시다시피 감정이란 왔다 갔다 하는 것이며, 사람은 감정에 따라 좌지우지되게 마련이지요. 토니가 지적한 것은 이것이겠지요. 결혼을 할 무렵에는 오로지 그 생각뿐이지만 미래에 서로의 감정이 시들면 어떤 상황이 유발될 지는 아무도 모른다는 것입니다."

"맞습니다, 리." 수사가 그를 두둔하였다. "리더십에서도 동일한 원리가 적용됩니다. 지금 우리가 논하고 있는 성격적 특성이나 행동은 우리가 호감을 가지고 있는 사람들에게는 쉽게 적용될 것입니다. 그리고 비록 악한 사람일지라도 그들이 좋아하는 사람들에게는 친절하고 사교적으로 대하겠지요. 하지만 골칫거리로 여겨지는 사람들을 대할 때 또는 혹독한 시련을 겪고 있을 때나 정말로 혐오하는 사람들에게 사랑을 표현해야 할 때는 리더인 우리의 본성이 드러나게 마련입니다. '그때야 비로소' 우리가 얼마나 헌신했는지를 발견하게 되며, '그때야 비로소' 우리가 어떤 유형의 리더인지를 발견하게 됩니다."

테레사가 부연했다. "이런 말이 생각나네요. '1년에 20명의 남자를 사귀는 것이, 한 남자를 20년 동안 사귀는 것보다 쉽다.'"

리더십의 본질 : 사랑

"사랑이란 타인을 향한 감정이 아니라 타인을 향한 행동을 말합니다."

차트로 다가간 수사가 도표를 마무리하였다.

사랑과 리더십

- 인내 : 자기 통제력를 발휘하는 것
- 친절 : 관심, 인정, 격려의 뜻을 표현하는 것
- 겸손 : 진실하고 가식이 없으며 거만하거나 뽐내지 않는 것
- 존중 : 타인을 소중한 존재로 대하는 것
- 이타주의 : 타인의 욕구를 충족시키는 것
- 용서 : 잘못을 하더라도 책망하지 않는 것
- 정직 : 속이지 않는 것
- 헌신 : 자신의 선택에 전념하는 것

"어제 우리가 논의했던 모델에서는 리더십이 권위 또는 영향력에, 권위 또는 영향력은 봉사와 희생에, 그리고 봉사와 희생은 사랑에 바탕을 둔다고 하였습니다. 권위를 바탕으로 한 리더는 타인을 위해 노력하고 사랑하며 봉사, 더 나아가 희생하는 인물로 평가될 것입니다. 또 한 가지, 사랑이란 타인을 향한 감정이 아니라 타인을 향한 행동을 말합니다."

간호사가 마무리를 했다. "그래서 수사님께서 말씀하신 사랑이란 실천적 의미, 즉 타인의 욕구를 규명하고 충족시키기 위한 행동 또는 노력하는 과정으로 정리하면 되겠군요."

"그렇습니다, 킴." 수사는 짧게 답했다.

다섯째날
성장을 위한 환경

The Servant Leadership

누구든 최선의 결과를 원한다.
그리고 환경이 적합하다면 누구든 최선의 결과를 거둘 수 있다.

빌 휴렛(Bill Hewlett, 휴렛 & 패커드 창립자)

네 번째 개인 특강 : 사랑에 관하여

"네 이웃을 네 자신처럼 사랑하라."

고개를 돌려 시계를 바라보았다. 분침이 목요일 새벽 세 시를 약간 지난 시각, 나는 또다시 천장을 응시하고 있었다. 전날 오후에는 레이첼과 회사로 안부전화를 했었다. 그리고 내가 없음에도 불구하고 모든 일이 순조롭게 진행되고 있다는 생각에 다소 낙담했던 것이 사실이었다.

또 한 가지, 전날 아침 시몬 수사가 내게 말했던 삶의 의문들이 내 머릿속을 온통 채우고 있었다. 내가 가진 믿음은 무엇인가? 왜 나는 여기 존재하는가? 내 삶의 목적은 무엇인가? 내 인생 게임에는 어떤 의미가 있는가?

아무런 결론을 내릴 수 없었다. 수많은 의문들만 교차할 뿐…….

15분 일찍 예배당에 도착한 나는 스스로를 대견스럽게 생각했다. 시몬 수사보다 일찍 도착한 나 스스로를!

다섯 시 정각, 내 옆에 앉은 수사는 고개를 떨구고 기도를 했다. 약간의 시간이 흐른 뒤 그가 나를 향해 질문을 던졌다. "배운 것을 이야기해볼까요, 존?"

"사랑에 대한 토의는 무척 흥미로웠습니다. 전 사랑이란 것이 타인을 향한 행동이라고 생각했던 적은 없었거든요. 사랑이란 단지 우리가 느끼는 감정의 일종이라고 생각했습니다. 이제 제가 직장으로 돌아가 모든 사람들을 사랑하겠노라고 했을 때 제발 누구도 나를 성적 대상으로 생각하지 말아주기만을 바랄 뿐이죠!"

시몬은 웃음을 터뜨렸다. "당신의 행동은 말보다 효과가 크고 더 중요한 것입니다, 존. 테레사가 말했듯이, 사랑이란 사랑하는 마음을 표현하는 것이란 점을 잊지 마세요."

"그러면 저 자신을 사랑하는 것은 어떻습니까, 수사님? 우리 교회 목사는 늘, 네 이웃과 네 자신을 사랑하라고 말합니다."

"안타깝지만, 존, 사람들은 그 구절을 잘못 인용하고 있는 것 같습니다. 성경에는, 네 이웃을 네 자신처럼 사랑하라고 적혀 있습니다. 네 이웃과 네 자신이 아니죠. 그 둘 사이에는 큰 차이가 있습니다. 예수께서 우리 스스로를 사랑하는 것처럼 타인을 사랑하라고 하셨을 때는, 우리가 이미 우리 스스로를 사랑하고 있다는 점을 가정하고 있는 것입니다. 그래서 스스로를 사랑하는 것과 동일한 방식으로 타인을 사랑하라고 하신 거죠."

"스스로를 사랑하는 방식이라고요?" 내가 이의를 제기했다. "말도 마세요, 저는 특히 요즘 제 자신에게 신물이 날 지경이라고요. 그런데 스스로를 사랑한다니……"

"존, 아가페적 사랑은 감정을 표현하는 명사적 의미가 아니라 행동을 표현하는 동사적 의미임을 잊지 마세요. 저 역시 제 자신을 혐오할 때가 있지만, 그때가 곧 절호의 기회입니다. 제 자신이 싫어질 때 저는 제 자신의 욕구를 충족시킴으로써 사랑을 유지하고 있습니다. 그러나 불행히도 많은 경우, 다른 사람의 욕구보다 저의 욕구를 우선하곤 하지요. 두 살짜리 아이처럼 말이죠."

"사람들은 누구나 자신의 문제를 우선하는 경향이 있습니다, 그렇지 않나요?"

"그렇습니다. 자기를 우선한다는 것은 자신을 사랑한다는 뜻이죠. 그런데 이웃을 우선하고 그들의 욕구에 관심을 가지는 것은 이웃을 사랑한다는 의미입니다. 생각해봅시다. 우리는 인생을 살면서 우리 자신이 범하는 실수나 잘못에 대해서는 금방 망각합니다. 하지만 우리의 이웃이 범한 실수나 잘못에 대해 과연 그처럼 빨리 잊어버릴 수 있을까요? 아시겠지만, 우리 자신을 사랑하는 것은 언제든 가능하지만 타인을 사랑하기 위해서는 상당한 시간이 걸리게 마련이죠."

"저는 그런 생각을 해본 적이 한 번도 없습니다, 수사님." 내가 약간 머뭇거리며 말했다.

"솔직히 말해서, 이웃이 불행을 당하거나 직장을 잃었을 때, 이혼, 불륜 또는 여러 가지 문제를 당했을 때 우리는 그들의 불행을 즐기는 경향이 있지 않나요? 그러므로 우리 자신의 행복에 대해 쏟는 관심처럼 이웃의 행복에 대해서도 깊은 관심을 가질 때 비로소 그들을 진정으로 사랑한다고 할 수 있습니다."

"그러면 하느님에 대한 사랑은 어떤가요?" 내가 물었다. "우리 교회의 목사는 하느님 또한 사랑해야 한다고 말합니다. 그런데 경우에 따라서는 하느님에 대해서도 특별히 '은혜로운' 감정이 생기지 않는 경우도 많거든요. 때로는 삶이 불공평하다고 느껴질 때가 있고, 그러면 과연 하느님이 존재하는지 회의를 느낄 때도 있습니다."

뜻밖에도 수사는 내 의견에 공감을 표시했다. "저도 가끔은 하느님에게 화를 내고 불만을 드러내기도 합니다. 그리고 저의 신념 체계에 문제가 있는 것은 아닌가 하고 생각할 때도 있습니다. 제 머리도 여러 가지 의문으로 가득 차 있고, 삶이 불공평해 보이는 경우도 한두 번이 아닙니다. 하지만 저의 감정이 그렇다고 해서, 그분을 향한 변함없는 제 사랑에 큰 변화를 줄 수는 없으며, 여전히 그분과의 관계를 유지하고 있는 스스로를 발견하게 됩니다. 지금도 저는 인내와 기도를 통한 관계 유지, 믿음, 존중, 정직, 그리고 때로는 용서를 통해 그분을 여전히 사랑하고 있습니다. 심지어 그러고 싶은 마음이 없을 때에도 저는 이런 노력을 계속합니다. 이것이 곧 헌신적 노력이라고 말할 수 있겠죠. 제 믿음이 비록 부족할지라도 충심을 다하는 것입니다."

몇몇 수도사들이 줄지어 예배당으로 들어와 자리를 잡고 앉았다.

그날 새벽, 수사의 마지막 말은 이랬다. "분명한 것은, 하느님 또는 그 누구를 대상으로 하건 지속적으로 헌신적 사랑을 표현한다면, 그러한 긍정적인 행동으로부터 긍정적인 감정이 솟아난다는 것입니다. 이를 두고 사회학자들은 '실천 행동praxis'이라고 하지요. 자세한 얘기는 아침 강의시간에 합시다."

인간의 성장을 돕는 것은 바로
'건강한 환경'

"성장시킨 것이 아니라 성장을 도왔을 뿐입니다."

시계 벨소리가 끝나기도 전에 수사가 입을 열었다. "오늘은 방향을 바꿔 사람이 성장하고 발전할 수 있는 건강한 환경의 중요성에 대해 논의해보겠습니다. 우선 정원을 가꾸는 것을 비유 삼아 시작해볼까요? 식물을 성장시키기 위해서는 건강한 환경이 필요함을 자연은 우리에게 가르쳐주고 있습니다. 누구 정원을 가꾸어본 분 있습니까?"

코치가 손을 흔들었다. "제 아파트 바로 뒤에 작지만 예쁜 정원이 있어요. 저 나름대로는, 20년 동안 열심히 정원을 가꾸어왔지요."

"크리스, 만일 제가 원예에 대해 아무것도 모른다면 아름다운 정원을 만들 수 있도록 제게 어떤 조언을 해주실 수 있을까요?"

"아, 그건 간단합니다. 우선 양지바른 땅을 조금 구해서 씨를 뿌리기 전에 흙을 갈아 뒤집어야 합니다. 그리고 씨를 뿌리고 물을 준 다음 비료를 줍니다. 또한 해충을 없애주고 주기적으로 잡초를 뽑아주면 되지요."

"그럼 당신이 시킨 대로 모두 했다면 그다음에는 어떤 결과를 얻을 수 있을까요?"

"그야, 얼마간의 시간이 지나면 싹이 틀 것이고 또 열매가 열리겠죠."

수사가 더욱 집요하게 물었다. "그래서 열매가 열렸다면, 제가 그 식물을 성장시켰다고 말하는 것이 과연 정확한 표현일까요?"

"물론이죠." 그녀는 거침없이 대답하였다. 그리고는 잠시 뭔가를 생각하는 듯하더니 다시 말했다. "아니에요. 성장시킨 것이 아니라 성장을 도왔다고 하는 것이 정확한 표현인 것 같습니다."

"맞습니다." 수사는 그녀의 말을 재확인하였다. "우리가 자연의 개체를 성장시킬 수는 없습니다. 어느 날 땅에 떨어진 조그만 도토리가 성장해서 그늘을 만드는 거대한 참나무로 성장하는 비밀을 아는 사람은 오직 조물주뿐입니다. 그리고 우리가 할 수 있는 일은 성장에 도움이 될 수 있도록 적정한 환경을 조성하는 것뿐입니다. 이와 같은 원리는 인간에게도 동일하게 적용됩니다. 누가 이런 경우에 대한 예를 들어주시겠습니까?"

킴이 말했다. "분만실 간호사로서 제가 드릴 수 있는 말씀은, 태아가 9개월의 임신기간 동안 정상적으로 성장하기 위해서는 자궁

내의 건강한 환경, 아니 거의 완벽한 조건이 필요합니다. 그렇지 않으면, 아기가 유산되거나 심각한 합병증을 유발할 수도 있지요."

리 목사가 간호사에 이어 말했다. "일단 태어난 아기가 정상적으로 성장하기 위해서는 건강하고 사랑으로 가득 찬 환경이 필요합니다. 루마니아 독재자 니콜라이 차우셰스쿠가 만들었다는 고아원이 생각나네요. 그곳의 아이들은 다른 사람과의 접촉이 거의 금지된 환경, 말 그대로 칭고에 수용되었다는 표현이 맞을 겁니다. 그 아이들에 대해 다룬 영화를 보신 분 있습니까? 사람과의 접촉을 박탈당한 그 아이들에게 그 후 어떤 일이 벌어졌을까요?"

"죽었지요." 간호사가 나지막한 목소리로 대답했다.

"맞습니다. 그 아이들은 점점 허약해지더니 결국 죽고 말았습니다." 목사는 안타까운 듯 머리를 저으며 간호사의 말에 동의하였다.

잠시 동안의 침묵이 흐른 후 교장이 말했다. "저는 수년간 공립학교에서만 근무했습니다. 여러분이 아마 우리 학교에 오시면 열악한 가정환경에서 자란 아이들이 누구인지 정확히 가려낼 수 있을 거예요. 그리고 우리 나라 교도소 수감자들은 대부분 해체된 환경에서 성장한 사람들입니다. 저는 정상적인 양육과 건강한 가정환경이 건전한 사회를 만드는 필수 요소라고 생각합니다. 그리고 범죄에 대한 대가는 전기의자가 아니라 어린이 식사용 키높이 의자라고 믿고 있습니다. 건강한 환경의 중요성에 대해서는 전적으로 수사님의 의견에 동의합니다. 그리고 그 중요성을 부인하는 사람은 아마 아무도 없을 겁니다."

간호사가 다시 말했다. "이러한 원리는 의학 분야에서도 마찬가지입니다. 사람들은 흔히 병을 치료하기 위해서는 의사를 찾아야 한다는 잘못된 믿음을 가지고 있습니다. 의학 분야가 상당한 발전을 이루었지만, 부러진 뼈를 원래 상태로 회복하거나 상처를 낫게 할 수 있는 의사는 아무도 없습니다. 의사가 할 수 있는 최선은, 약물치료나 물리치료라는 형식을 통해 신체가 자기치유를 할 수 있도록 적정한 조건을 제공하는 것뿐입니다."

이번에는 내가 나섰다. "정신과 의사인 제 아내의 경우를 말씀드리죠. 아내는 늘, 의사에게는 환자를 치료할 수 있는 능력이 없다고 말합니다. 그리고, 일부 신참 치료사들이 환자를 치료할 수 있다는 믿음을 가지고 있지만, 그것도 조금만 경험을 하고 나면 자신들에게는 그런 능력이 없다는 것을 발견한다고 했죠. 뛰어난 의사가 할 수 있는 일은, 존중과 신뢰, 후원, 헌신 등에 바탕을 둔 우호적인 관계를 형성하여 환자들에게 건강한 환경을 제공하는 것이라고 했습니다. 그리고, 이렇게 치료에 도움이 되는 건강한 환경이 형성되면 환자는 스스로 질병의 치유 과정을 시작한다고 하더군요."

"훌륭합니다. 정말 훌륭한 사례들입니다!" 수사가 감탄을 연발했다. "이 정도면 건강한 환경이 건강한 성장에, 특히 인간의 성장을 위해 대단히 중요하다는 사실이 더욱 명확해진 것 같습니다. 정원을 언급한 것은, 가족이나 직장, 군대, 스포츠 팀, 지역사회, 교회 등 제가 관심을 가지고 있는 여러 집단을 비유한 것입니다. 간단히 말하자면, 제가 영향을 미치는 영역을 정원에 비유한 것이며 그 정원은 보살핌이 필요하지요. 우리가 이미 논의했던 대로 정원은 관심과 보살핌을 필요로 하며, 따라서 저는 이렇게 자문하곤 합니다. '내 정원에는 무엇이 필요한가? 내 정원은 인정과 칭찬의 비료를 원하는가? 내 정원은 잡초를 뽑아주길 원하는가? 내가 해충을 제거해야 하는가?' 잡초와 해충을 방치한 야생 상태의 정원에서 어떤 상황이 벌어질지는 불을 보듯 뻔합니다. 저의 정원은 지속적인 관심을 요구하며, 저 역시 분명한 믿음을 가지고 있습니다. 즉, 제가 제 역할을 다하고 정원을 관리한다면 분명히 건강한 열매를 얻게 되리란 사실이죠."

"그렇다면 시간이 얼마나 지나야 열매를 얻을 수 있을까요?" 코치가 물었다.

"안타깝지만, 크리스. 열매가 맺히기도 전에 노력을 포기하거나 인내력이 부족했던 리더들을 저는 많이 보았습니다. 사람들은 결과가 빨리 도출되기를 바라지만, 그 열매란 오직 충분한 시간이 경과했을 때만 열리는 것이죠. 이 때문에 리더에게는 헌신하는 자세가 요구되는 것입니다. 눈이 채 녹기도 전에 열매를 얻고자 가을에 작물을 심는 농부를 상상해봅시다! 수확의 법칙은 우리에게 열매가 반드시 맺힌다는 사실을 가르쳐주지만, 그 열매가 정확히 언제 맺힐지 항상 알 수 있는 것은 아닙니다."

간호사가 말했다. "열매가 맺히는 시점을 결정하는 또 하나의 변수는 '인간관계 계좌 relational bank account'라고 할 수 있습니다."

"인간관계 계좌라니 그건 또 뭡니까?" 리 목사가 물었다.

"이 비유는 스티븐 코비 박사가 저술한 베스트셀러 『성공하는 사람들의 7가지 습관』에서 배운 것입니다. 사람들에게는 금융계좌란 것이 있어 예금과 인출을 자유롭게 할 수 있고 또 과도한 금액의 인출을 자제합니다. 인간관계 계좌가 의미하는 것은, 우리가 리드하는 이들을 포함하여 우리 삶에 중요한 역할을 하는 사람들과의 건강한 인간관계 잔고의 비유입니다. 예를 들어, 누군가를 처음 만났을 때 그와 우리의 인간관계 잔고는 바닥입니다. 왜냐하면 그 사람에 대해 아는 바가 없고 그 사람을 시험하는 과정을 거치기 때문이지요. 하지만 그와의 관계가 발전하면서 우리의 행동 여부에 따라 예금과 인출을 거듭하게 됩니다. 즉, 서로가 신뢰할 수 있고, 정직하며, 서로를 인정하고, 말에 대한 책임을 지는 것, 뒤에서 헐뜯는 행동을 삼가고, 여러 가지 경어敬語를 사용하여 예의를 지킬 때 등의 경우에는 구좌에 예금을 하는 것입니다. 하지만 불친절하거나 무례하고, 약속을 마음대로 파기하며, 상대가 없는 곳에서 중상모략하는 행위, 남의 말에 귀를 기울이지 않고 거만하게 행동할 때 등은 구좌에서 인출을 하는 경우죠."

하사관이 말했다. "그러면 어제 오후 휴식시간에 내가 애인한테 전화를 했는데도 그녀가 전화를 끊어버렸다면 나는 계좌에서 너무 많은 것을 인출해버린 것이네요, 그렇잖소?"

"일리 있는 말이에요, 그렉!" 내가 웃으며 말했다. "우리 공장의 노조운동을 예로 든다면 우린 서로가 너무 많은 것을 인출해버린 것이네요? 킴, 그러면 당신 말뜻은 인간관계 계좌의 형편에 따라 열매가 더 늦게 맺힐 수도 있다는 것 아닌가요? 제 말이 맞습니까?"

"이미 관계를 형성한 사람들의 경우에는 당신 말이 맞습니다. 하지만, 처음 만난 사람들의 경우에는 일단 잔고를 만들어야겠죠."

"모두를 위해 적절한 비유를 제시해준 킴에게 감사를 드립니다," 수사가 답했다. "이 인간관계 계좌의 비유는 또한 사람들을 공개적으로 비난해서는 안 되며 칭찬을 하더라도 공개적으로 해야 하는 이유를 증명하고 있습니다. 누가 그 이유에 대해 이야기해볼까요?"

교장이 먼저 말했다. "우리가 누군가를 공개적으로 비난한다는 것은 곧 동료들 앞에서 당사자를 난처하게 하는 것이며 결국 우리와 그 사람과의 계좌에서 엄청난 인출을 감행하는 것입니다. 그런데 더 큰 문제는 그 상황을 지켜보는 다른 사람들과의 계좌에서도 동일한 결과를 낳게 됩니다. 왜냐하면, 공개적인 채찍질은 보기에도 끔찍한 것이며 다른 사람들도, '내 차례도 멀지 않았을 텐데!' 하고 생각하기 때문이죠. 따라서 인간관계 계좌를 바닥으로 만들고 싶다면 누군가를 공개적으로 망신시키는 것이 가장 효과적인 방법이겠죠."

코치가 덧붙였다. "다른 사람을 공개적으로 칭찬하고 인정하는 경우에도 마찬가지라 생각합니다. 그 당사자뿐만 아니라 그 광경을 지켜보는 여러 사람들과의 계좌를 더욱 살찌게 하기 때문이죠. 수사님께서 언젠가 말씀하신 대로 리더의 행동은 모두의 관심을 끌기 때문입니다."

"맞습니다, 크리스. 리더가 하는 모든 행동은 메시지를 전달합니다." 수사가 대답했다. "지금 제 사무실에는 매우 흥미로운 조사 내용을 담은 기사가 한 가지 있습니다. 그 내용은, 사람들이 스스로에 대해 가진 관심과 인간관계 계좌로부터의 인출이 왜 소모적인지를 설명하고 있어요. 점심식사가 끝난 후에 그 기사를 찾아 여러분에게 보여 드리겠습니다."

상사, 남편, 아버지, 리더로서

나는 과연 어떤 모습이었을까?

이러한 의문들이 나를 더욱 난처한 지경으로 몰아세웠다.

완연한 가을의 오후, 나는 호수가 내려다보이는 절벽 위로 산책을 나섰다. 햇살이 따사롭게 비치고 기온은 섭씨 10도를 웃돌았다. 그리고 호수로부터 선선한 바람이 불어왔다. 아마도 내가 꿈꾸는 이상적인 날씨가 아닐까 하고 생각했지만 혼란스러운 내 머리는 그러한 여유를 누릴 수 있도록 내버려두지 않았다.

여기서 얻은 여러 정보와 원칙을 집으로 돌아가 시험해보아야겠다는 설레는 마음과 함께, 과거의 내 행동과 내가 이끌었던 여러 사람들에게 생각이 미치자 어리석고 부끄러운 감정이 교차하였다. 나는 상사로서 어떤 모습이었을까? 남편으로서는? 아버지로서는? 지도자로서는?

이러한 의문들이 나를 더욱 난처한 지경으로 몰아세웠다.

리더가 할 수 있는 최선은
최상의 환경을 제공하는 것이다

"당신이 변화시킬 수 있는 사람은 오직 당신 자신뿐입니다."

두 시가 되자 수사가 명랑한 목소리로 말했다.

"점심식사 전에 말씀드렸던 대로 그 기사를 가져왔습니다. 『사이컬러지 투데이』지에 오래전에 실렸던 기사인데, 아마 여러분도 상당히 흥미롭게 여기시리라 생각됩니다. 그 기사를 기고한 한 행동주의자 behaviorist는, 긍정적 그리고 부정적 피드백 사이에는 일대일의 상관관계가 성립되는 것이 아니라고 말했습니다. 그의 주장을 우리가 논의한 '예금과 인출'이라는 용어로 표현하면, 우리가 인간관계 계좌로부터 한 단위를 인출했을 때 다시 이전의 잔고를 회복하기 위해서는 네 배를 예금해야 한다는 것입니다. 4 대 1의 비율이지요!"

"이해가 갑니다." 목사가 대답했다. "아내는 제게 수도 없이 사랑한다는 말을 합니다. 하지만 그 말을 기억 속에 담아두지는 않지요. 그런데 지난봄 언젠가 저더러 살이 너무 쪘다고 핀잔을 주었는데, 그 말은 이상하게 오랫동안 생각나더군요. 이제 그때의 일이 새삼 떠오릅니다."

"당신 아내가 무슨 뜻으로 한 말인지 알 것 같소, 목사!" 하사관이 슬슬 약을 올렸다.

"그렇습니다, 리." 수사가 말했다.

"사람들은 아무리 사소한 것이라도 표면적으로 드러낼 때는 매우 민감해지는 경향이 있습니다. 이런 주장을 뒷받침하기 위해 이 기사에서는, 사람들이 스스로를 얼마나 현실적으로 이해하고 있는지에 대한 조사를 시행했지요. 지금부터 제가 말씀드리는 수치를 귀담아 들어보세요. 일반 대중의 약 85%는 스스로가 '평균 이상'이라고 생각한다고 합니다. '다른 사람들과의 사교성'을 묻는 질문에 대해서는 전체 응답자의 100%가 상위 50% 이내에 든다고 대답했고, 그중 60%는 상위 10% 이내에, 그리고 약 25%는 상위 1% 이내에 든다고 대답했습니다. '리더십 능력'을 묻는 질문에 대해서는 70%의 응답자가 상위 25% 이내에 포함된다고 대답한 반면 평균 이하라고 응답한 수치는 2%에 불과합니다. 그리고 남자들만을 대상으로, '다른 남자들과 비교하여 자신의 운동 능력'을 묻는 질문에는 60%가 상위 25% 이내에, 평균 이하라고 대답한 수치는 6%에 불과합니다."

"그게 어쨌다는 건데요?" 하사관이 물었다.

"제 생각에는요, 그렉," 코치가 끼어들었다. "사람들은 대체로 자신에 대한 기대치가 높다는 것이죠. 그래서 다른 사람들의 인간관계 계좌로부터 인출할 경우, 즉 그들에게 바람직하지 못한 행동을 해야 할 경우에는 매우 조심스럽게 접근해야 하고, 그래야만 불필요한 노력의 낭비를 막을 수 있다는 것이지요."

수사가 덧붙였다. "신뢰 관계를 형성한다고 가정해봅시다. 그러한 관계를 형성하기 위해서는 수년간의 노력이 필요할 수도 있습니다. 그런데 한순간의 경솔한 행동으로 그동안의 노력이 허사가 될 수도 있지요."

"다시 한 번 말씀드리지만, 수사님," 하사관이 소리 높여 불만을 제기했다. "지금 우리는 아름답고 이상적인 환경에서 아름답고 이상적인 이론들을 말하고 있어요. 그런데 우리가 돌아가서 상급자들과 맞닥뜨린다고 생각해보세요. 그 사람들은 대부분 권력 지향적인 인물들이며, 사랑이나 존중, 인간관계 계좌 같은 것은 말할 것도 없고 권위나 역피라미드 모델에 대해서도 콧방귀를 뀔 사람들입니다. 그런 사람들 밑에서 도대체 뭘 어떻게 하라는 건가요?"

"좋은 질문입니다, 그렉." 수사는 빙긋 웃으며 대답했다. "당신 말은 틀림없는 사실입니다. 권력이 있는 사람들은 대체로 권위가 있는 사람들을 마땅찮게 생각합니다. 심지어 우리가 수모를 당할 수도 있지요. 하지만 비록 우리가 그런 대우를 받고 있음에도 사랑과 존중으로 사람들을 대한다면 그 효과가 나타나게 마련입니다."

"제 상사를 몰라서 하는 말씀이에요." 하사관이 다시 반박했다.

시몬도 물러서지 않았다. "제가 어느 기업의 리더였을 때, 가끔씩 기업들로부터 문제를 해결해달라는 요청을 받은 적이 있었습니다. 그때마다 저는 그 조직의 행태를 파악하기 위해 가장 먼저 직원들의 태도를 조사했습니다. 그리고 문제의 영역을 정확히 파악하기 위해 부서별, 때로는 교대조별로 조사를 실시했지요. 그런데 아무리 점수가 낮은 형편없는 기업이라 할지라도, 그 혼돈 속에 여전히 자리하고 있는 건강하고 고요한 영역을 발견할 수 있었습니다. 예를 들면, 선적과 수신 담당 부서 3조, 제품 마무리 담당 부서 2조, 전산실 1조, 이런 식으로 점수가 우수한 부분을 가려내는 것입니다. 이렇게 조사를 통해 건강한 영역이 드러나면, 그러한 특정 부서 혹은 특정 교대조에 대해 특별한 관심을 갖게 됩니다. 그 관심의 대상이 무엇이라고 생각하시죠?"

"리더이겠죠." 간호사가 작은 목소리로 대답했다.

"그렇습니다, 킴. 혼돈과 권력, 온갖 역기능이 휩쓸아치는 와중에서도 자신의 영역에 책임을 지고 뭔가 다르게 팀을 이끈 리더를 찾는 것이었습니다. 비록 대세를 통제할 수는 없지만, 배의 밑바닥에서 자신이 이끄는 직원들을 향한 행동을 통제하는 것은 가능했던 것이죠."

"배의 밑바닥이라! 재밌네요, 수사님." 내가 말했다. "한번은 어떤 직원이 제게 와서, 직원들은 때로 벤허 영화에 등장하는 찰턴 헤스턴Charlton Heston과 같은 느낌을 가질 때가 있다고 하더군요. 몸이 부서져라 노를 저어야 했던 늙은 찰턴 헤스턴, 기억나시죠? 허리케인이 불어 파도가 뱃전을 때려도 소리만 들을 수 있을 뿐, 그에게는 갑판에 올라가 신선한 공기를 마시거나 바다에 뛰어들어 수영을 할 자유라고는 전혀 없었죠. 그리고 들리는 것이라고는 노젓기를 재촉하며 끊임없이 들려오는 규칙적인 북소리뿐이고. 아무튼, 그 친구가 말한 직원들의 느낌이란 그런 것이었지요. 늘 배의 밑바닥에 갇혀 있으면서도, 갑판에 올라가거나 배에 무슨 일이 있는지에 관심을 가질 수는 없다는 것, 선장이 수상 스키를 타고 싶다고 고함치면 감독관은 북치는 속도를 높여 사람들을 혹사시키고, 상황이 여의치 않을 때는 배를 가볍게 한다는 구실로 여러 사람을 물속에 던져버리는 선장 등. 별로 아름다운 그림은 아니죠?"

룸메이트가 고개를 끄덕였다. "옛날 직장시절부터 가지고 있는 제 커피 잔에 이런 시가 적혀 있습니다."

나는 배를 조종할 수 없다,
휘파람조차 불 수 없는 존재이기에.
어디로 향하는지 나와는 상관없다,
배가 향하는 곳을 따를 뿐.
나는 갑판에 올라갈 수 없다,
그리고 종을 울릴 수도 없다.
이 모든 저주가 잠드는 날,
누가 종을 움켜잡는지 지켜보라.

"이야! 훌륭해요!" 내가 소리쳤다.

"나도 그런 잔 하나 있었으면! 그런데 문제는, 지금 우리가 논의하는 방식으로 행동한다 하더라도 제가 관리하고 있는 감독관들이 과연 협조를 해줄 것인지 하는 점입니다. 그들의 도움 없이 그런 환경을 만든다는 것은 어렵습니다. 어떻게 하면 그들의 관심을 끌 수 있을까요, 수사님?"

"행동을 규제해야 합니다." 수사가 서슴지 않고 대답했다. "존, 당신은 리더이며 당신의 영역 안에서 그런 환경을 조성할 책임이 있습니다. 그리고 당신은 그 책임을 다할 수 있는 권력을 가지고 있습니다. 결론적으로 당신은 그들의 행동을 규제할 자격이 있는 것입니다."

"행동을 규제한다고요?" 내가 반박했다.

"누구도 다른 사람의 행동을 규제할 수는 없습니다."

"할 수 있소!" 하사관이 나를 향해 소리쳤다. "군대에서 우린 늘 그렇게 행동하고 있소. 그리고 당신의 공장에서도 마찬가지일 것이오. 당신 회사에도 누구나 지켜야 할 규칙과 절차가 있을 거요. 예를 들어, 당신은 직원들에게 안전장비를 사용하게 하고, 규칙에 따라 일할 것과, 직무상의 행동 준칙을 따르도록 하고 있을 것이오. 그러므로 당신이나 나나 항상 그들의 행동을 규제하고 있는 거요."

그렉이 옳다는 것을 인정하고 싶지는 않았지만, 내가 할 말이 없는 것은 사실이었다. 우리의 경우, 고객 서비스 담당자가 무례한 행동을 한다면 고용관계를 누구도 보장할 수 없고, 직원이 규칙을 따르지 않을 때는 당장 목이 날아가는 게 사실이었다. 그러므로 직급에 따라 행동을 규제하고 있다는 것이 틀린 말이 아니었다. 불현듯 뇌리를 스치는 것이 있었다. 그것은 행동을 규제하는 기업의 또 다른 사례였다."

내가 말했다. "제 아버지께서는 디어본 Dearborn 에 위치한 포드사의 조립공장에서 일선 감독관으로 30년이 넘게 근무하셨습니다. 70년대 초 어느 토요일 아침, 아버지를 따라 그 공장에 간 적이 있었습니다. 그런데 채 한 시간이 지나지 않아 대학에 진학해서 화이트 칼라가 되어야겠다는 확신을 갖게 되었죠. 그곳의 노동자들은 서로에게 고함을 치고 욕설을 하며 도저히 믿어지지 않는 상황을 연출하고 있었습니다. 공장이 아니라 정글이라는 표현이 아마 더 어울릴 정도였지요. 그래서 한 직원을 공개적으로 망신을 준다거나 욕설을 퍼부어도 아무도 관심도 갖지 않을 정도였습니다."

"우리 부대와 비슷하군." 하사관이 나를 보고 중얼거렸다.

"아니, 정말 이상한 곳이었소." 곧바로 응수했지만, 더 이상 그가 짜증나는 존재로 느껴지지는 않았다. "한번은 아버지의 친구이자 동료 감독관이었던 분이 미시간 주 플랫록 Flat Rock 에 있는 공장으로 갑작스럽게 전근한 적이 있었습니다. 그곳은 마쓰다 Mazda 와 포드가 공동으로 설립한 벤처업체였지요. 감독관으로 일을 시작한 첫째 주, 그분은 한 직원이 태만하게 일하는 것을 발견하고는 다른 사람들이 보는 앞에서 호되게 야단을 쳤습니다. 디어본에서 효과적으로 사용하던 욕설도 서슴지 않았지요. 그런데 그 광경을 지켜보던 일본인 상사가 그분을 자기 사무실로 불렀습니다. 아시겠지만 일본인들은 '체면'에 대해서는 일가견이 있는 민족이잖아요. 그 상사는 아버지 친구에게 매우 정중하게 경고를 했습니다. 만일 그런 행동이 다시 자기에게 목격될 경우에는 고용관계를 보장할 수 없다고 말이죠. 그 후 그분은 10년을 더 근무하고 퇴직하였습니다. 그 메시지가 무엇인지 잘 파악했던 것이죠. 수사님의 표현대로라면 마쓰다가 그분의 행동을 규제한 것이겠지요?"

"훌륭한 사례입니다, 존. 그런데 여기서 짚고 넘어갈 점은 마쓰다가 감독관의 행동을 '변화'시킨 것이 아니라는 사실입니다. 변화는 메시지를 이해한 감독관 자신에서 비롯된 것이지요. 누구도 다른 사람을 변화시킬 수는 없습니다. 알콜 중독자 치료협회에서 자주 사용하는 말 중에 되새겨 볼 만한 구절이 있습니다. '당신이 변화시킬 수 있는 사람은 오직 당신 자신뿐이다.'"

간호사가 덧붙였다. "그런데도 다른 사람들을 변화시킬 수 있는 양 '행동'하는 사람들을 많이 보았습니다. 그들은 늘 다른 사람의 행동을 고치려 하고, 자기와 같은 종교로 개종하도록 강요하며, 사람들의 시각을 바로잡기 위해 애쓰곤 합니다. 톨스토이는, 누구나 세상을 변화시키려 하지만 자기 자신을 변화시키려는 사람은 아무도 없다고 했어요."

"참 좋은 말이네요. 킴." 코치가 수긍했다. "모두가 자기 집 앞이라도 제대로 청소한다면 모든 거리가 정말 깨끗해지겠지요."

"하지만 수사님, 리더라면 사람들이 변할 수 있도록 동기動機를 부여해야 하는 것 아닌가요?" 하사관이 물었다.

"동기부여라는 용어를 저는 선택에 영향을 미치는 모든 의사소통이라 규정합니다. 리더로서 필요하다면 '의견충돌 friction'을 감수해야 합니다. 하지만 변화를 '선택' 하는 것은 그 당사자입니다. 정원의 비유를 기억하시죠? 우리가 식물을 성장시킬 수는 없습니다. 우리가 할 수 있는 최선은 바람직한 환경을 제공하는 것이며, 필수 불가결한 의견의 대립은 사람들로 하여금 변화를 선택하고 스스로 성장할 수 있도록 하는 것이지요."

교장이 말했다. "이름이 잘 기억나지 않는데 한 유명한 인물이 말하기를, 결혼을 하는 데는 두 가지 이유가 있다고 했습니다. 하나는 출산을 위해서이고, 다른 하나는 의견충돌을 위해서라고 말이죠."

"그거 재밌네요." 목사가 싱글거렸다.

"행동을 규제하는 또 다른 장소가 있습니다. 누구 리츠칼튼 호텔에 투숙한 적 있어요?"

"당신처럼 돈 많은 목사들이나 그런 데서 잘 수 있지, 뭐!" 하사관이 또 토를 달았다.

그러나 룸메이트는 그 말을 무시했다.

"저는 일 년에 한 번씩 집에서 가까운 리츠칼튼 호텔로 아내를 데려가 잠도 자고 특별한 아침식사를 함께합니다. 그런데 호텔 프런트로 들어서는 순간 특별한 장소에 왔음을 알게 되지요. 그곳의 직원들은 고객의 욕구를 충족시키기 위해 최선을 다하며, 또한 고객을 존중하는 분위기가 넘쳐나는 것을 한눈에 알 수 있지요. 아무튼 어느 날 저녁, 제가 식사 전에 칵테일 바에서 한 잔 하고 있었습니다."

"목사가 바에서 한 잔 하고 있다?" 하사관이 또 시비를 걸었다.

"아내는 버진 다이키리, 나는 라임을 띄운 다이어트 콜라를 마시고 있었소, 그렉. 어쨌든 저는 바텐더 두 명이 일하는 것을 바라보고 있었고, 특히 그들이 고객들과 동료 직원들을 대단히 존중하고 있는 것이 눈에 띄더군요. 평소처럼 저는 그런 행동을 기삭적인 것으로 생각하고 바텐더 한 명에게 물었죠. '어떻게 그럴 수 있소?' 그 친구가 점잖게 묻더군요. '뭐라고 하셨습니까, 선생님?' 그래서 제가 그랬죠. '알다시피, 당신은 고객이나 동료를 굉장히 존중하더군요. 어떻게 하면 그렇게 행동할 수 있는 거죠?' 그 친구가 미소를 지으며 대답했습니다. '아, 네! 저희 호텔에는 이런 표어가 있습니다. '우리는 품격 있는 사람들에게 봉사하는 품격 있는 사람들이다!' 저는 그런 표어야 일종의 캐치프레이즈라고 생각한다며 그 친구에게 좀 더 상세한 설명을 부탁했지요. 그러자 바텐더가 제 눈을 가만히 바라보더니 이렇게 말하더군요. '그렇게 행동하지 않으면 여기서 배겨내기 어렵지요. 무슨 뜻인지 아시겠죠?' 그래서 한바탕 웃고는 고개를 끄덕였습니다."

코치가 덧붙였다.

"노트르담 축구팀 감독을 지낸 루 홀츠Lou Holtz에 대해 다 아시죠? 홀츠가 유명한 것은 그가 이끄는 팀 내부의 열정을 북돋우는 탁월한 능력 때문이었습니다. 선수들뿐만이 아니었지요. 그가 이끄는 팀은 코치와 사무원, 보조원, 심지어 음료수 나르는 소년들까지도 하나같이 정열적이었습니다. 한번은 기자가 이렇게 질문했지요. '어떻게 하면 팀을 그토록 열정적으로 만들 수 있습니까?' 루 홀츠의 대답은 이랬습니다. '간단해요. 안 그러면 잘라버리니까요.'"

여섯째날
선택의 문제

The Servant Leadership

무엇을 생각하는지, 무엇을 믿고 있는지는 중요하지 않다.
중요한 것은 어떻게 행동하느냐이다.

존 러스킨(John Ruskin)

다섯 번째 개인 특강 : 실천 행동에 관하여

"나약한 조직이 아니라 나약한 리더가 존재할 뿐입니다."

금요일 새벽, 예배당에 도착한 수사가 내 옆에 자리를 잡으며 "좋은 아침입니다" 하고 인사를 건넸다. 늘 그렇듯이 잠시 침묵을 지키던 수사로부터 질문이 있었다.

"느끼는 게 많습니다, 수사님. 뭐부터 시작할까요? 먼저 팀원들의 행동을 규제해야 한다고 했던 아이디어에 대해서는 정말 깊이 생각해볼 필요가 있을 것 같습니다."

"존, 기업에 몸담고 있었을 때 저는, 인사과에서 사용하는 고용 매뉴얼에 포함된 방침과 절차를 들어 직원들의 행동을 규제하는 것을 반대했습니다. 대신 저의 관심은 '리더'의 지위에 있는 사람들의 행동을 '규제'하는 데 있었지요. 리더의 행동이 바람직하다면 나머지는 자연스럽게 그 행동을 따르기 때문입니다."

"옳은 지적입니다, 수사님."

"그 당시 저는 문제가 많은 기업들의 요청 때문에 더러 여러 곳을 방문했는데, 그런 기업의 경영자들은 주로 현장의 직원들에게 심각한 문제가 있다고 하더군요. 제가 그 기업들을 살펴보니 열에 아홉은 상당히 심각한 문제를 안고 있었습니다."

"재밌군요, 수사님. 왜냐하면 제 아내가……."

"그 정신과 의사요?" 수사가 웃었다.

"말 끊지 마세요!" 내가 장난스레 말했다. "그건 무례한 행동입니다, 아세요!"

"아! 미안해요, 존. 저도 모르게 그만!"

"너그러운 마음으로 용서하지요, 수사님! 아무튼 아내도 자주 역기능을 보이는 가정을 상대하면서 수사님이 경험한 그런 역동적인 상황에 부딪히곤 합니다. 어떤 때는 아빠와 엄마가 아이들을 데려와서는 이렇게 말하지요. '애들 좀 어떻게 해주세요! 왜 아무 데서나 그렇게 난리를 치는지 모르겠어요!' 물론, 아내는 경험을 통해 아이들의 산만한 행동이 문제의 단순한 징후에 지나지 않는다는 점을 압니다. 그리고 지금은 그들 부모의 행동에 더 큰 관심을 갖고 있지요."

"옛날 어느 장군이 말하기를, 나약한 부대는 없다고 했습니다. 다만 나약한 리더가 존재할 뿐이라고 했지요. 당신 공장에서 벌어지는 노조운동도 하나의 징후라고 생각하세요, 존?"

"예, 아마도." 내가 대답했다. 하지만 공장을 제대로 이끌지 못한 죄책감을 의식하며 화제를 바꾸고 싶었다. "실천 행동 praxis 에 대해 이야기해보죠? 어제 아침 수사님께서는 긍정적인 감정이란 긍정적인 행동에서 비롯된다고 하셨습니다. 그게 정확히 무엇을 의미하는 겁니까?"

"아, 예, 실천 행동! 그게 있었지요! 전통적으로 사람들은 생각과 감정이 행동을 지배한다고 믿어왔습니다. 그리고 그것이 진실이라고 생각했지요. 우리의 생각과 감정, 신념, 즉 우리의 패러다임이 행동에 큰 영향을 미치는 것이 사실입니다. 하지만 그 반대 역시 진실이라는 것을 실천 행동을 통해 알 수 있습니다."

"그래도 잘 모르겠는데요, 수사님!"

"우리의 행동 역시 생각과 감정에 영향을 미친다는 것이죠. 예를 들어, 인간으로서 우리가 어떤 사람 또는 어떤 대상에 대해 관심과 시간, 노력 및 다른 여러 가지 자원을 투자하기로 했을 때 궁극적으로 그 관심의 대상에 대한 감정을 계발할 수 있는 것입니다. 이를 두고 심리학자들은, 우리가 관심의 대상에 '집중한다 cathect' 고, 다른 표현으로는 우리가 대상에 '얽매였다 hooked on' 또는 '집착한다 attached' 라고 표현합니다. 입양된 아이가 생물학적인 자식과 똑같은 사랑을 받는 이유, 애완동물과 담배, 원예, 술, 자동차, 골프, 우표수집 및 그 외 우리의 삶을 장식하는 수많은 대상들에 대해 우리가 얽매일 수 있는 이유가 바로 이 실천 행동을 통해 설명될 수 있습니다. 즉, 우리가 관심을 가지고, 시간을 투자하며, 봉사하는 대상에 집착하는 것이지요."

"음! 어쩌면 제가 옆집 친구를 좋아하게 된 것도 설명될 수 있겠네요. 처음 옆집 친구를 봤을 때는 굉장히 기분 나쁜 인상이라고 생각했습니다. 그런데 시간이 지나면서 같이 마당도 돌보고 이웃으로 지내다 보니 다른 느낌을 가지게 되더라구요."

"실천 행동이란 그 반대로 작용할 수도 있습니다. 예컨대, 전쟁이 빈발하던 시기에는 적들의 인간성을 무시하는 경우가 많습니다. 그래야 적을 죽이는 행동이 정당화될 수 있기 때문에 우리도 '독일병정 Krauts', '아랍놈들 Gooks', '베트콩 Charlie'과 같이 적을 비하하는 용어를 사용했지요. 따라서 실천 행동은, 상대방을 혐오하거나 무례하게 행동할 경우 그보다 나쁜 감정을 가지게 된다는 것을 가르쳐줍니다."

"그러니까 수사님께서 말씀하시는 실천 행동이란, 봉사의 대상을 사랑하고 그들을 위해 노력할 때, 그리고 모든 행동이 그러한 마음가짐과 함께할 때, 궁극적으로 그들에 대한 긍정적인 시각이 형성된다는 의미인가요? 제가 제대로 이해한 것입니까?"

"그렇습니다, 존. 사람들이 흔히 말하는 대로 '그런 척한 것이 실제로 그렇게 된' 경우이죠. 제롬 브루너 Jerome Brunner라는 하버드 대학의 유명한 심리학자는, 사람들은 행동에 의해 감정을 갖기보다 감정에 따라 행동하는 경향이 있다고 했습니다."

"그렇지요." 내가 대답했다. "저를 포함해서 많은 사람들이, 행동이 달라지기 위해서는 그러고 싶은 감정의 변화가 있어야 한다

Chapter 6 선택의 문제

고 생각합니다. 하지만, 감정이 변하는 경우는 드물지요."

"지난 수요일 리가 말했던 토니 캄폴로는, 결혼생활의 문제를 치유하는 과정에서 실천 행동의 중요성을 강조했습니다. 즉, 부부는 사랑의 감정을 상실하면서 이혼으로 치닫게 되는데 이런 상실감은 두 사람의 노력을 통해 극복할 수 있다고 했지요. 그리고 이를 극복하기 위해 각자에게 30일간의 헌신적인 노력을 요구했습니다. 다시 말해서, 서로가 배우자에 대해 뜨거운 사랑의 감정을 가지고 있었을 때 행동했던 것과 똑같이 행동하도록 한 것이지요. 남편에게는 아내의 아름다움을 칭찬하고, 꽃을 선물하며, 저녁식사를 함께하는 등 '사랑에 빠졌을 때'와 마찬가지로 행동하도록 하고, 아내 역시 남편을 새 남자친구라고 생각하고 그의 외모를 칭찬하며, 남편을 위해 음식을 요리하는 등 사랑을 표현하도록 했습니다. 캄폴로의 주장은, 부부가 이렇게 이전과 다르게 행동할 경우에는 과거의 감정이 되살아난다는 것이었죠. 그것이 곧 실천 행동입니다. 행동에 의해 감정이 유발되는 경우이지요."

"하지만 그게 가능한 건가요? 좋아하지 않는 사람을 인정하고 존중한다거나, 사랑하지 않는 사람을 사랑하라고 강요하는 것이 과연 가능한지 의문입니다."

"그건 그렇습니다. 감정의 확장을 강요하는 것은 신체의 확장을 강요하는 것과 마찬가지로 처음에는 대단히 어렵습니다. 하지만 신체의 기능도 마찬가지듯이 감정 역시 헌신적 노력과 실천이 뒤따른다면 기대했던 것 이상으로 성숙하게 됩니다."

수사의 말에 나는 말문이 막혀버렸다.

강의실에 앉아 창밖으로 보이는 푸른 호수의 아름다운 광경을 지켜보았다. 그리고 육중한 벽난로에서는 불꽃이 날름거리며 자작나무 조각을 삼키고 있었다. 벌써 금요일 아침, 일주일이 어디로 가 버렸단 말인가?

리더십은 '선택'과 더불어 시작되고
선택에는 그만큼의 '책임'이 따른다

"인간에게는 자극에 대한 반응을 '선택'할 능력이 있다고 하더군요."

아홉 번째 벨이 울리기를 기다리던 수사가 이윽고 강의를 시작했다.

"많은 부모들이나 배우자, 코치, 교사 또는 일부 리더들이 그들의 역할에 따르는 책임과 효율적인 리더로서의 선택 및 행동에 무관심한 경우를 저는 많이 보았습니다. 그리고 그들이 하는 말은 주로 이런 것들이죠. '아이들이 올바르게 행동한다면 나도 아이들을 존중할 것이다' '아내의 태도가 달라지면 나도 아내를 위해 노력할 것이다' '남편에게 흥미로운 화제 거리가 있다면 남편의 말에 귀를 기울일 것이다' '승진이 되면 직원들을 위해 노력할 것이다' '상사가 나를 존중한다면 나도 직원들을 존중할 것이다' 등등. 여러분도 이런 말을 들은 적이 있을 겁니다. '~할 때 나도 변화될 것이다' 라는 식의. 여러분도 이 빈 곳을 채울 수 있을 것입니다. 제 생각에 이 말은 다음과 같은 의문으로 바뀌어야 한다고 봅니다. '언제 나는 ~한 행동을 변화시킬 것인가?' "

수사의 말이 이어졌다. "내일 두 시간을 제외하면 오늘이 우리 모두가 하루를 함께할 수 있는 마지막 하루입니다. 그리고 오늘은 책임과 선택에 대해 토론하도록 하겠습니다. 지난 수요일에 논의했던 대로, 저는 리더십이 선택과 더불어 시작된다고 믿습니다. 선택에 따라서는 커다란 책임이 부과될 경우도 있으며, 따라서 행동과 의도가 적절히 병행해야 합니다. 하지만 많은 사람들은 삶에 따르는 책임을 부인하고 회피하려고 하지요."

"반드시 그런 것만은 아닌 것 같은데요, 수사님." 간호사가 말했다. "처음 일을 시작할 당시 저는 대도시 큰 병원의 신경정신과에서 근무했습니다. 그때 제가 느낀 것 한 가지는, 정신적 문제를 가진 환자들이 혼란스런 '책임의식' 때문에 괴로워하는 경우가 잦다는 것이었지요. 신경증 환자들은 대체로 '지나친' 책임의식을 가지고 있으며, 모든 문제가 그들의 실수에서 비롯된다고 생각합니다. 예를 들면, '남편이 술에 집착하는 것은 내가 나쁜 아내이기 때문이야', '아들이 대마초를 피우는 것은 내가 아버지의 역할을 제대로 못했기 때문이다', '날씨가 나쁜 이유는 내가 아침에 기도를 드리지 않았기 때문이야' — 주로 이런 식이지요. 반면에, 성격장애 환자들은 보통 '매우 소극적인' 책임의식을 가지고 있습니다.

그들은 모든 문제가 다른 사람들의 실수에서 비롯된다고 생각하지요. 예를 들어, '아이의 학교 생활에 문제가 있는 것은 선생들이 멍청하기 때문이야', '내가 회사에서 출세하지 못하는 것은 상사가 나를 싫어하기 때문이야', '내가 술에 집착하는 것은 아버지가 그랬기 때문이지' 하고 말입니다. 그리고 성격장애와 신경증의 중간에 있는 환자도 있습니다. 그들은 책임의식에 대해 때로 지나친, 때로는 소극적인 태도를 보이죠."

"그렇다면 우리 사회가 심각한 신경증과 성격장애를 앓고 있다고 생각하시나요, 킴?" 수사가 질문을 던졌다.

그녀가 대답하기 전에 하사관이 끼어들었다. "지금 농담하시는 겁니까?" 그의 목소리가 높았다. "당연히 지금의 미국은 심각한 성격장애를 앓고 있고, 전 세계가 우리를 비웃고 있어요. 아무도 책임을 인정하려 하지 않습니다. 워싱턴 시장市長을 생각해보세요. 그 사람은 자기 실수를 인종차별주의자들의 음모라고 했잖아요? 그리고 두 아이를 자동차 뒷좌석에 태운 채 물에 빠뜨려 익사시킨 여자가 자신이 어릴 때 성적으로 학대당했기 때문이라며 변명을 하고, '학대'를 이유로 부모를 권총으로 살해한 서부의 아이들, 오랫동안 담배의 노예가 되었다면서 담배회사를 비난하며 고소한 흡연자들, 방사능 정밀검사가 자신의 신체와 미래의 수입을 파괴했다며 병원을 고소한 '똑똑한 친구,' 불만에 휩싸여 시장과 행정 집행관을 총으로 살해하고 '바보 같은 변명'을 내세운 샌프란시스코의 도시 노동자,' 그는 가끔씩 스스로가 제정신이 아닌 것이 영양가는 하나도 없이 칼로리만 높은 설탕에 중독되었기 때문이라고 했죠. 이래도 우리 사회에 책임의식이 있다고 할 수 있을까요?"

수사가 대답했다. "저는 그런 문제들이 발생하는 이유 중 하나로, 이 나라 사람들이 지그문트 프로이트의 이론을 너무 극단으로 이해하는 것이 아닌가 하고 생각합니다. 비록 그가 정신의학 분야에 지대한 공헌을 한 것은 사실일지라도, 그가 뿌린 결정론determinism의 씨앗은 우리 사회의 그릇된 행동에 대해서도 그럴듯한 이유를 제공했고, 따라서 사람들로 하여금 행동에 대한 책임을 회피하게 만드는 정당성을 부여했다고 할 수 있습니다."

"결정론에 대해 좀 더 자세히 설명해주시겠습니까, 수사님?" 내가 물었다.

"극단적으로 말씀드리면 결정론이란, 모든 물리적 또는 정신적 결과 또는 사건의 이면에는 원인이 있다는 것입니다. 즉, 빵의 조리법이라는 원인이 있기 때문에 빵이라는 결과를 예측할 수 있다는 것이죠. 존, 당신이 일하는 유리 공장을 예로 들면, 모래와 횟가루, 그리고 다른 여러 가지 성분을 가열하는 원인이라는 요소가 있기 때문에 유리의 주조라는 결과를 예측할 수 있겠지요. 결론적으로 결정론이란, 물리적 또는 정신적 원인을 안다면 결과의 예측이 가능하다는 것입니다."

이때 목사가 반대 의견을 제시했다. "하지만 인과관계가 옳은 것이라면 천지창조에 대해서는 모순적이지 않을까요? 제가 드리고 싶은 말씀은, 지금 이 순간 우주가 다시 한 번 분열, 즉 두 번째 대

폭발 Big Bang을 유도하는 분열을 한다면 그 첫 번째 원인을 무엇이라고 설명할 수 있을까요? 헬륨과 수소 및 기타 기체의 원자는 최초에 어떻게 만들어진 것일까요? 모순이란 비단 이것뿐만이 아닙니다. 즉, 모든 사물이 무無에서 시작되었다는 사실입니다. 그리고 우리 같은 종교인들에게 그 최초의 원인이란 곧 하느님이지요."

하사관이 웅얼거렸다. "하루도 설교를 하지 않는 날이 없군, 목사."

"맞습니다, 리. 과학은 아직 '제1원인 first cause'의 모순을 명확하게 밝히지 못하고 있습니다." 수사가 설명했다. "그렇다고 하더라도 결정론이란, 비록 새로운 과학의 도전을 받고는 있지만 원인이 있는 모든 물리적 사건에 대해서 적용된다는 것이 통상적인 생각입니다. 그런데 프로이트는 한 걸음 더 나아가 이 원리를 인간의 의지에도 적용하였습니다. 그의 주장은, 인간이란 본질적으로 선택과는 무관한 존재이며, 인간의 자유의지란 환상이라고 했지요. 그리고 인간의 선택과 행동은 분명치 않은 무의식적 압력의 결과라고 했습니다. 따라서 한 인간의 유전적 형질과 환경에 대한 충분한 정보를 가지고 있다면 그의 행동과 미래의 선택을 정확히 예측할 수 있다고 단언했습니다. 인간의 자유의지를 다룬 그의 이론은 획기적인 발상이라 할 수 있겠죠."

교장이 덧붙였다. "'유전적' 결정론에 따르면 저의 불량 유전자, 즉 술을 좋아하는 이유를 할아버지 탓으로 돌릴 수 있겠군요. 그리고 '심리적' 결정론은 제가 불우한 어린 시절을 보낸 것, 제게 그런 불우한 인생을 선택하도록 한 부모님을 원망하도록 하고, '환경적' 결정론은 저의 빈약한 직무능력을 야기한, 그래서 직장에서 수준 낮은 행동을 되풀이하게 된 이유를 제 상사의 탓으로 돌릴 수 있겠군요. 이제 저는 제 행동에 대해 수많은 변명을 할 수 있게 되었습니다. 그런데 과연 이런 상황이 바람직하다고 해야 할까요?"

"케케묵은 '본성 대對 교육'에 대한 논쟁이군요." 간호사가 말했다. "유전자와 환경이 비록 영향을 미친다고 해도 인간이란 학습하는 존재이며, 여전히 자유로운 선택이 가능한 존재라고 생각합니다. 일란성 쌍둥이가 그 예가 될 수 있겠죠. 그들은 동일한 유전자와 본성을 가집니다. 그리고 동일한 가정환경에서 동일한 교육을 받으며 성장하지요. 하지만 그 둘은 전혀 다른 인간이지 않습니까?"

"최근 『라이프』지에서 다룬 샴 쌍둥이는 어떨까요? 누구 그 기사 본 사람 있나요?" 하사관이 물었다.

"신체가 결합된 쌍둥이가 맞는 표현이오, 그렉." 목사가 그의 말을 수정하였다.

"어쨌든" 하사관의 말이 이어졌다. "그 둘은 몸은 서로 연결되어 있었지만 머리는 각자 따로였지요. 그런데 놀라운 것은 이 두 여자아이는 제각기 다른 개성, 즉 기호와 행동 등이 판이하게 달랐다는 점입니다. 그 아이들의 부모도 몸통이 붙어 있는 것만 제외하면 전혀 다른 인격체라고 했어요."

"다시 말씀드리지만," 간호사가 되풀이했다. "유전자와 환경이 같다고 해서 동일한 인격체는 아니지요."

시몬 수사가 말했다. "훌륭한 사례입니다. 오늘 아침에는, 제가 좋아하는 시 한 편을 가지고 왔습니다. 작자가 누군지는 알려지지 않았지만 제목은 '되돌아본 결정론'이라고들 하지요. 그런데 아마도 여러분이 이 시를 좋아하지는 않을 것 같습니다. 하여튼 그 내용은 이렇습니다."

> 정신과 의사를 찾았다, 내 머릿속에 무엇이 들었는지 알고 싶었기에.
> 그로부터 내가 왜 사랑하는 이의 두 눈을 멍들게 했는지 그 이유를 듣고 싶었다.
> 그는 푹신한 침대에 나를 눕히고 찬찬히 살펴보기 시작했다.
> 그리고 그는 내 잠재의식으로부터 이것들을 찾아내었다.
> 하나, 엄마가 내 인형을 가방 속에 감추어버렸다.
> 그리고 나는 주정뱅이가 되어버렸다.
> 둘, 어느 날 아버지가 다른 여자에게 키스하는 것을 보았다.
> 그리고 나는 도둑놈이 되어 괴로워한다.
> 셋, 나는 형제들에 대한 모순된 감정 때문에 괴로워했다.
> 그리고 이것이 내 연인을 아프게 하는 이유이다.
> 이제 나는 이 모든 사실을 알게 되어 기쁘다.
> 내가 범한 모든 행동이 누군가 다른 사람의 잘못에서 비롯되었기에!
> 생명력을 지닌 당신, 그러나 제정신이 아닌 당신, 지그문트 프로이트여!

유일하게 코치만이 웃지 않았다. 그래서 내가 물었다. "당신은 이 시에 공감하지 않나 보죠, 크리스? 무슨 생각을 그리 골똘하게 해요?"

"사람들이 정말로 선택이 자유로운 존재인지 의문이에요. 각종 연구 결과를 살펴보면, 알코올 중독자들의 자식도 알콜 중독자가 되는 경우가 대부분이에요. 알코올 중독은 질병이잖아요? 그런데도 이렇게 이름 두고 선택이라 할 수 있는 것인가요?"

"좋은 질문입니다, 크리스." 수사가 대답했다. "과거 우리 가족은 술 때문에 문제가 많았습니다. 그리고 저도 그런 기질이 있었기 때문에 술에 대해서는 특별히 주의해야 했지요. 하지만 제가 20대 후반 및 30대 초반이었을 때는 결국 술에 굴복하고 말았습니다. 그런데 제가 술과 관련된 문제의 기질을 가지고 있다고 해서, 술 좋아하는 책임을 아버지나 할아버지에게 전가할 수 있을까요? 술에 입을 대기로 선택한 것은 바로 저인데도 말입니다."

'전해지는 바'가 있어 내가 덧붙였다. "최근에 저는 기업윤리에 관한 경영자 교육과정에 참여한 적이 있습니다. 그런데 그곳에서는 '책임 responsibility'이라는 용어를 '반응 response'과 '능력 ability'의 두 단어로 구분하더군요. 그리고 우리 모두는 여러 가지 자극, 즉 각종 청구서, 고약한 상사, 결혼생활의 문제, 직원들의 문제, 아이들 문제, 이웃의 문제 등에 직면한다고 했습니다. 그리고 이러한 자극이 늘 주위를 메우고 있지만, 인간인 우리에게는 자극에 대한 반응을 '선택' 할 능력이 있다고 하더군요."

"실제로 반응을 선택할 수 있는 능력은 인간에게만 주어진 축복입니다. 동물의 반응은 본능을 따르게 마련입니다. 미시간 주에 사는 곰은 몬태나 주에 사는 곰과 동일한 형태의 굴을 짓고, 오하이오 주에 사는 어치(새의 일종)는 유타 주에 사는 어치와 동일한 둥지를 만들지요. 다시 말씀드리면, 씨월드 Sea World에서 물개를 훈련시켜 쇼를 하도록 할 수는 있지만, 그 물개는 그 훈련에 대해서는 아무런 가치를 두지 않고 다만 쇼가 끝났을 때 자신의 배가 물고기로 가득 차리라는 사실만을 알고 있을 뿐이지요." 수사의 말이 빨라졌다.

하사관이 수긍한 듯 고개를 끄덕였다. "맞아요. 베트남 전쟁에서 부상을 당해 휠체어에 앉아 돌아온 한 군인이 마약에 빠져들고 인생을 탕진하는 반면, 동일한 전쟁에서 동일한 상황에 처해 돌아온 다른 군인은 재향군인회의 우두머리가 되기도 합니다. 비록 자극은 동일하지만 반응하는 방식에는 차이가 있는 거죠."

수사의 말이 이어졌다. "빅토르 프랭클 Viktor Frankl, 아마 여러분 중에도 이 이름을 들어본 분이 있을 것입니다. 『의미의 탐구 Man's Search for Meaning』의 저자이지요. 이 책을 꼭 읽어보셨으면 합니다. 프랭클은 정신분석학자로서, 지그문트 프로이트가 수학했던 비엔나 대학에서 수학했고 또 교수가 된 사람입니다. 그리고 그의 조언자이자 우상인 프로이트뿐만 아니라 결정론의 열렬한 신봉자이자 지지자였지요. 전시에 그는, 연구소에 수년간 수용되었으며 나치 체제 하에서 가족과 사유재산도 모두 잃었습니다. 게다가 자신의 몸에 가해지는 혹독한 인체실험도 견뎌야 했지요. 그 고통은 이루 말로 형용할 수 없을 정도였으며, 그렇게 해서 만들어진 책은 비위가 약한 사람들은 감히 읽어볼 수도 없을 정도였습니다. 하지만 그러한 고통 속에서도 그는 인간과 인간의 본성에 대해 많은 것을 깨달았고, 그러한 깨달음은 결정론에 기초한 자신의 위치를 다시 생각하게 했지요. 그 책의 일부를 제가 읽어드리겠습니다."

지그문트 프로이트가 힌번은 이렇게 주장했다. "여러 유형의 사람들이 동일하게 기아를 체험한다고 가정하자. 그러면, 피할 수 없는 배고픔의 고통이 증가하면서 개인간의 이질성이 점차 불분명해지고 모두가 동일한 유형으로 배고픔의 고통을 표현하게 된다." 운 좋게도 프로이트는 연구소 내부에 인맥이 있어 자신의 주장을 입증할 기회를 가졌다. 그는 피험자들을 아우슈비츠와 같이 지저분한 것이 아니라 빅토리아 시대의 고품격 소파에 앉도록 했다. 그런데 시간이 지나면서 '개인간의 이질성'이 '불분명' 해지기보다는 그 반대로, 그 차이가 더욱 뚜렷해졌다. 즉, 거지와 신사로 대비되는 그들의 특성이 더욱 두드러진 것이다.

인간이란 궁극적으로 자기결정 self-determination의 존재이다. 지금의 자신은 스스로의 결정에 의한 것이다. 예컨대 살아 있는 인체를 실험하던 이 연구소에서 일부 동료들은 신사처럼 행동하는 반면에 다른 동료들은 매우 비열한 행동을 하는 것을 목격하였다. 인간에게는 이 두 가지 가능성이 공존한다. 그리고 '상황 condition'이 아닌 '결정 decision'에 의해 자신의 모습을 드러내는 것이다.

우리의 후손들은 현실적이다. 그 이유는 우리가 인간의 본질을 속속들이 파헤쳤기 때문이다. 인간이란 아우슈비츠에 가스실을 만든 존재이다. 하지만 그와 동시에, 기도를 드리며 고결한 태도로 그 가스실을 향하는 존재 역시 인간이다.

잠시 침묵이 흐른 후 교장이 조용히 입을 열었다. "패러다임의 변천이라! 순수한 결정론자의 입에서 '인간은 자기결정의 존재이다. 지금의 자신은 스스로의 결정에 의한 것이다,' 또는 인간이란 '상황이 아니라 결정'에 의해 자신의 모습을 드러낸다는 말을 하다니! 놀랍군요."

누구든 자신의 행동을 선택해야 하며 그 선택에 대한 책임을 인정해야 한다

"인생에서 반드시 해야 할 일 두 가지는 '죽음'과 '선택'입니다."

오후 강의 시간에 시몬 수사는 책임과 선택의 중요성을 다시 거론하였다.

"약 60년 전에 제가 직접 겪었던 이야기를 말씀드릴까 합니다. 당시 저는 6학년이었는데, 담임교사였던 캐미 선생님의 말씀이 아직도 기억 속에서 지워지지 않습니다. 학생들이 숙제 때문에 불평을 하자 선생님께서는 이렇게 고함을 쳤습니다. '나는 숙제하라고 강요한 적 없어!' 그 한마디가 우리의 관심을 집중시켰죠. 그러곤 이렇게 말씀하셨습니다. '여러분이 이 세상을 살면서 반드시 해야 할 일은 두 가지다. 하나는 죽음이요 또 하나는……!'"

"세금을 내라!" 하사관이 갑자기 끼어들었다.

"맞습니다, 그렉. 죽음과 세금, 참으로 어처구니가 없는 말이었죠. 도대체 꼬마들더러 뭘 어떡하라는 건지! 이제 6학년인 꼬마들에게 죽음이란 수백만(?) 년 이후의 일이고, 세금을 낼 만한 돈이 있는 것도 아닌데! 결국 제게는 반드시 해야 할 일이 아무것도 없는 셈이었죠. 그 화요일 밤, 그 쓰레기 같은 밤 제가 집으로 돌아갔을 때 아버지께서 말씀하시더군요. '얘야, 쓰레기 좀 갖다 버리겠니?' 제가 말했죠. '잠깐만요, 아빠. 선생님이 그러시는데 제가 살면서 반드시 해야 할 일은 죽음과 세금 내는 것뿐이래요.' 그리고 나서 아버지의 반응은 결코 잊을 수가 없습니다. 아버지는 제 눈을 바라보시더니 천천히 그리고 분명하게 이렇게 말씀하시더군요. '네가 그렇게 훌륭한 지식을 배웠다니 아빠도 기쁘구나. 그런데 네가 지금 죽음을 선택하고 싶지 않다면 네 엉덩이를 꼭 붙들고 있는 것이 낫겠지!'"

한바탕 폭소가 일고 난 뒤 수사가 말을 이었다. "아시겠지만 그날 그 선생님의 말은 사실이 아니었습니다. 납세가 모든 사람의 선택은 아닙니다. 즉, 월남전 이후 북서 태평양 연안의 삼림에서 땅을 일구고 살던 사람들은 화폐라는 것을 아예 사용하지도 않았고 세금도 없었습니다. 흔히 말하는, 인생을 살면서 반드시 해야 할 일 두 가지는 죽음과 선택입니다. 이 둘로부터 벗어날 수 있는 사람은 아무도 없습니다."

"곧장 죽기로 하고 아무런 선택이나 결정을 하지 않는다면요?" 하사관이 도전하듯 물었다.

교장이 대답했다. "덴마크의 철학자인 키에르케고르는 선택을 하지 않는 것 자체가 선택이라고 했어요. 선택을 회피하는 것도 선택이라고요!"

"하여간, 선택과 책임에 대한 수사님 강의의 핵심은 무엇인가요?" 하사관이 또 다시 도전했다.

"그렉, 권위와 리더십에 이르는 길은 의지에서 비롯된다고 했던 것 기억하시죠? 의지란 행동과 의도를 융합시키기 위한 선택입니다. 결과적으로 제가 말씀드리는 것은, 누구든 자신의 행동을 선택해야 하는 것이며 그 선택에 대한 책임을 인정해야 한다는 것입니다. 인내심이 있다 없다, 친절과 불친절, 귀기울여 경청하거나 그냥 침묵하며 말할 기회를 기다리는 것, 겸손과 오만, 존중과 무례, 이타주의와 이기주의, 용서와 원망, 정직과 부정직, 헌신과 단순한 관련 등은 모두 우리의 선택의 문제입니다."

인성을 함양하는 4가지 단계

"리더십이란 흔히 인성이라고 부르는 '본질'에 대한 문제입니다."

"**아시다시피**, 수사님 저는 지난 한 주 동안 제가 수사님께 했던 말을 곰곰이 생각하며 사랑을 표현하는 행동이 제게 얼마나 부자연스러운가를 느꼈습니다. 리는 그 부분에 대해서 소중한 사람이 되기 위해서는 그런 행동을 선택해야 한다고 지적했습니다. 하지만 정말로 저는 그런 행동이 어색하고, 부하들에게 그런 행동을 하는 저 자신을 상상하기만 해도 낯이 뜨거워졌어요. 아마도 그것이 인간의 본성은 아닌 것 같아요." 하사관의 목소리가 한결 조용해졌다.

교장이 또 하나를 인용하였다. "어떤 사람이 말하길 인간의 본성이란 '팬티 안에 볼일을 보는 것'이라고 했어요."

"그래요, 그것 재밌군요! 어디서 들은 말이요?" 하사관이 점잖게 물었다.

"스콧 펙이라는 정신의학자이자 연설가가 한 말이에요. 『알려지지 않은 길 The Road Less Traveled』의 저자지요." 테레사가 빙긋 웃었다. "얼핏 듣기에는 상스럽지만 가만히 생각해보면 상당히 의미 있는 말이에요. 어린아이에게는 대소변을 가리는 훈련이 세상에서 가장 부자연스런 일일 겁니다. 그리고 팬티에 그냥 해결하는 것이 가장 쉬운 일이겠죠. 하지만 아이가 스스로를 극복하고 화장실을 이용하는 습관에 익숙해지면서 이 부자연스런 행동이 곧 자연스럽게 바뀌는 것이죠."

"모든 자기극복 과정이 마찬가지겠지요." 간호사가 말했다. "화장실을 사용하는 것, 이를 닦는 것, 읽기와 쓰기를 배우는 것 등 학습을 통해 자신을 극복하고 새로운 기술을 습득하는 모든 경우에 말이죠. 따라서 자기극복이란 '부자연스러운' 행동을 습득하기 위해 스스로를 훈련시키는 것이라고 생각합니다."

"훌륭합니다, 정말 훌륭해요." 수사가 감탄했다. "우리는 부자연스러운 행동이 자연스러워지고 하나의 습관으로 자리잡을 때까지 스스로를 훈련시킬 수 있습니다. 그리고 우리 모두는 습관의 존재입니다. 여러분 모두가 지난 일요일 아침에 앉았던 그 자리에 지금까지 앉아 있다는 것을 알고 있나요?"

"그러네요, 수사님." 조금 바보같다는 느낌을 받으며 내가 대답했다.

수사의 말은 계속되었다. "여러분 중에 새로운 습관이나 기술을 습득하는 4가지 단계에 대해 아시는 분이 계신지요? 이 4가지 단계는 좋은 습관뿐만 아니라 나쁜 습관, 좋은 기술뿐만 아니라 나쁜 기술, 좋은 행동뿐만 아니라 나쁜 행동을 학습하는 데도 적용됩니다. 희망적인 것은 이 단계가 새로운 리더십 기술을 학습하는 데에도 분명 적용된다는 것이죠."

시몬 수사는 차트로 다가가 이렇게 적었다.

제1단계 무의식 & 비숙련

"이것은 여러분의 행동과 습관을 인식하지 못하는 단계를 의미합니다. 예를 들면, 어머니로부터 화장실 사용법을 배우기 이전, 처음으로 술과 담배를 입에 대기 이전, 스키나 농구, 피아노, 컴퓨터, 읽기와 쓰기 등을 배우기 이전의 상태이죠. 이때에는 새로운 기술을 배워야 한다는 것을 의식조차 못할 뿐 아니라 관심도 없을 때입니다. 따라서 전혀 숙련되지 않은 상태라고 할 수 있습니다."

차트를 향해 돌아선 수사가 다시 이렇게 적었다.

제2단계 의식 & 비숙련

"이 단계는 새로운 행동을 인식하게 되지만 아직 그 기술을 개발하지는 못한 상태를 말합니다. 즉, 어머니가 화장실 사용을 제안하거나, 담배나 술을 처음으로 입에 대고 그 쓴맛을 느낄 때, 처음으로 스키 장비를 사용하거나, 농구대를 향해 처음으로 공을 던지는 경우, 처음으로 컴퓨터나 피아노 앞에 앉아보는 경우 등이 되겠죠. 이 상태에서는 새로운 행동 또는 기술이 매우 어색하고 부자연스러우며 심할 경우 압박감을 느끼기도 합니다. 그렉! 당신은 우리가 논의했던 각종 원칙을 당장 현실에 적용하는 것이 부담스럽다고 했습니다. 그건 당신이 이 단계에 포함되기 때문입니다. 하지만 노력이 뒤따른다면 당신도 다음 단계로 나아갈 수 있습니다."

수사는 차트에 다음 단계를 적었다.

제3단계 의식 & 숙련

"이 단계는 새로운 행동과 기술에 능숙해지고 전혀 부담을 느끼지 않는 상태를 말합니다. 예를 들어, 아이가 화장실을 자연스럽게 사용하고, 술과 담배의 맛을 느끼게 되며, 스키에 대한 어색함이 사라지거나, 장래의 마이클 조던을 꿈꾸는 친구가 아직 자세를 의식하면서도 점차 익숙해지는 단계, 오퍼레이터나 피아니스트가 손가락과 키보드를 쳐다보지 않고서도 자연스럽게 타이핑 또는 연주할 수 있는 단계를 말하지요. 한마디로 말하면 '터득' 하는 단계라고 할 수 있습니다. 그러면, 새로운 기술을 계발하는 마지막 단계는 무엇일까요?"

"무의식과 숙련입니다." 세 사람이 이구동성으로 대답했다.

"정확히 맞추었습니다." 수사가 차트에 기록하면서 말했다.

제4단계 무의식 & 숙련

"이 단계는 행동과 기술을 더 이상 의식하지 않는 상태를 말합니다. 즉, 아침에 일어나 이를 닦고 화장실을 이용하는 것이 너무나 '자연스럽게' 이루어지는 것을 말하죠. 그리고 술과 담배에 중독되어 음주와 흡연과 같은 행동을 무의식적으로 진행하는 상태, 스키를 타고 산을 내려오면서도 마치 길을 걷는 것처럼 자연스러운 상태를 말합니다. 비유하자면 농구 코트의 마이클 조던이라고 할 수 있겠죠. 스포츠 기자들은 흔히들 마이클 조던이 코트를 '무의식적으로' 누빈다고들 합니다. 정확한 표현이라고 할 수 있겠죠. 조던에게는 자세와 스타일을 의식할 필요가 없을 정도로 농구라는 스포츠가 자연스러운 것이지요. 키보드를 두드리는 손가락에 전혀 신경 쓰지 않는 오퍼레이터와 피아니스트도 이 단계에 포함됩니다. 그들의 행동 역시 '자연스러운' 것이 된 것이죠. 그렉! 이 단계는 또한 리더의 행동을 습관 및 자신의 '본성'과 조화시키는 단계이기도 합니다. 따라서 훌륭한 리더는 '이미' 훌륭하기 때문에 더 이상 훌륭한 리더가 되기 위해 노력할 필요가 없는 것이죠. 즉, 이 단계의 리더는 훌륭한 인간이 되고자 노력할 필요가 없습니다. 이미 훌륭하기 때문이죠."

"수사님, 그 말씀은 인성 형성에 대한 것 아닌가요?" 내가 물었다.

"맞습니다, 존." 그가 동의했다. "리더십이란 개성과 소유, 카리스마에 관한 것이라기보다는 인간으로서의 여러분 자신에 관한 것입니다. 한때 저는 리더십이 스타일과 관련된다고 생각했지만 지금은 그렇지 않습니다. 리더십이란 흔히 인성이라고 부르는 '본질'에 대한 문제입니다."

룸메이트가 나섰다. "예, 생각해보면 훌륭하다고 생각되는 리더들의 개성과 스타일은 판이하게 다릅니다. 패튼 장군과 아이젠하워 장군, 빈스 롬바르디와 톰 랜드리, 리 아이아코카와 메리 케이, 프랭클린 루스벨트와 로널드 레이건, 빌리 그레이엄과 마틴 루서 킹 목사 등을 비교하면 그 차이가 확실해지죠. 이들은 극단적인 스타일의 차이에도 불구하고 각자가 매우 탁월한 리더로 추앙받고 있습니다. 수사님 말씀이 옳습니다. 스타일과 그 외의 사소한 것들보다 더 중요한 것이 분명 있습니다."

시몬 수사가 덧붙였다. "리더십과 사랑은 곧 인성의 문제라 할 수 있습니다. 인내, 친절, 겸손, 이타주의, 존중, 용서, 정직 그리고 헌신. 시간이 지나도 변치 않는 성공적인 리더로 자리하기 위해서는 습관을 형성하는 이런 덕목들을 계발하고 성숙시켜야 합니다."

교장이 말했다. "수사님의 말씀에 대해서는 더 이상의 다른 인용이 필요치 않을 정도지만, 인과관계를 의미하는 오래된 시의 한 구절이 생각나 말씀드릴까 합니다. 결정론자들이 좋아할 구절입니다. '생각은 행동이 되고, 행동은 습관이 되고, 습관은 우리의 인성이 되며, 인성은 우리의 운명이 된다.'"

"저도 그 구절을 무척 좋아해요, 테레사." 목사가 놀란 듯 말했다.

"오! 주를 찬양하라!" 하사관의 투덜거림과 함께 강의도 끝을 맺고 있었다.

마지막날 보답에 관하여

7

The Servant Leadership

자기극복을 위한 모든 노력에는 여러 보상이 뒤따른다.

짐 론(Jim Rohn)

마지막 개인 특강 :
'가장 소중한 것'에 관하여

*"우리는 세상을 '있는 그대로'가 아니라
'우리의 의지대로' 바라보게 마련입니다."*

마지막 날 새벽 4시 50분, 완전한 침묵 속에 수사의 옆자리에 앉았다.

그가 갑자기 나를 보더니 물었다. "존, 이번 주에 당신이 얻은 것 중 가장 중요하다고 생각하는 것이 무엇인가요?"

"글쎄요, 제 생각에는 실천적 의미의 '사랑'이 아닐까 합니다." 내가 거침없이 대답했다.

"훌륭해요. 옛날에 한 율법가가 있었습니다. 그가 어느 날 예수님을 향해 유대교의 가장 중요한 계율이 무엇이냐고 물었지요. 그 당시의 상황을 살펴볼까요? 유대교는 수천 년간 이어져온 종교였으며 그 과정은 엄청난 분량의 두루마리에 기록되어 있습니다. 하지만 그 율법가는 유대교의 가장 중요한 단 한 가지가 무엇인지를 물었던 것이죠. 예수께서는 은혜로운 목소리로 간단하게 대답했습니다. '하느님과 네 이웃을 사랑하라!'"

"그렇다면 사랑이 교회에 다니는 것과 계율을 따르는 것보다 중요하단 말씀입니까?"

"우리가 인생을 살아가면서 사랑스러운 이웃들로부터 후원을 받는 것이 매우 유익한 것임에는 틀림없습니다. 하지만 그보다 더 중요한 것이 사랑입니다. 2천 년 전 사도 바울은 변치 않는 소중한 덕목으로 세 가지를 들었습니다. 믿음과 희망과 사랑이었죠. 그리고 그 가운데 가장 소중한 것이 사랑이라고 했습니다. 당신도 사랑이라는 덕목을 통해 바람직한 인생을 영위할 수 있을 것입니다, 존."

"아시다시피 수사님은 우리에게 한 번도 설교를 하거나 수사님의 신앙체계를 주장한 적이 없습니다. 수사님이 수도자인데도 말이죠! 처음 제가 여기 왔을 때는 매일 설교나 들어야 하는 것이 아닌가 하고 우려한 것이 사실이었습니다."

"성 아우구스티누스는, 반드시 필요한 경우에만 '복음'을 전하라고 하셨습니다."

"제 생각에, 수사님께서는 일부러 복음을 전하실 필요가 없는 것 같습니다. 수사님의 삶 자체가 우리에게는 바로 복음이니까요. 자기를 위하지 않고 모든 것을 버린 채 이곳에 와서 봉사하는 그 삶이 바로 복음이 아니고 무엇이겠습니까."

"그렇지 않습니다. 제가 여기 온 것은 여러 이기적인 이유 때문입니다. 봉사와 희생, 그리고 수도원장의 명령에 순종하면서 저의 이기적인 본성을 깨뜨릴 수 있었으니까요. 그리고 저의 자만과 자아를 깨뜨릴수록 더 큰 인생의 기쁨을 가질 수 있었지요. 존, 기쁨이란 때로 막연한 것입니다. 그래서 이곳에서 생활하면서 더 많은 이기적인 기쁨을 탐닉하는 것입니다."

"저도 수사님과 같이 믿음을 가지고 싶습니다. 하지만 이번 주에 우리가 논의했던 믿음과 리더십, 사랑, 그리고 다른 모든 것들이 제게는 낯설지만 수사님에게는 너무도 자연스러워 보이네요."

"존! 표면적으로 드러나는 것과 실제에는 차이가 있다는 것을 잊지 마세요. 처음에는 저도 그 모든 것들이 어색하고 어렵게 생각되었습니다. 타인을 위해 제 자신의 이익을 부인하면서까지 노력했고, 또 지금도 노력하고 있다는 사실을 아는 존재는 오직 하느님 뿐입니다. 하지만 지금은 이 모든 것에 대해 무의식의 단계에 접어들었기 때문에 예전보다는 쉽다고 할 수 있겠지요. 그리고 하느님께서 늘 제 길을 함께하고 있으니까요."

"제가 궁금했던 것도 그 점입니다. 수사님께서는 스스로의 믿음에 의지할 수 있고, 하느님이 그 길을 함께하고 있다고 저 역시 생각합니다. 하지만 좀 더 구체적인 증거를 보고 싶습니다. 불행히도 수사님께서는 하느님의 존재에 대해서는 납득할 만한 증거를 보여주시지 못했습니다."

"맞습니다. 당신은 하느님이 존재하지 않는다는 사실을 제게 경험적으로 증명하지 못했듯이, 저 역시 하느님의 존재를 당신에게 경험적으로 증명하지 못했습니다. 하지만 저는 제 시선이 미치는 어디에서도 하느님의 증거를 발견할 수 있습니다. 지난번에 얘기했던 것을 잊지 마세요. 우리는 세상을 있는 그대로 바라보는 것이 아니라 우리의 의지대로 바라본다는 것 말입니다."

"그렇다면 제가 세상을 바라보는 각도에 변화를 줄 필요가 있겠군요."

"선택적 지각 selective perception 의 힘을 잊어서는 안 됩니다. 우리가 발견하는 것이 바로 우리가 찾으려 했던 것들입니다."

선택과 희생에 따른 보답

*"당신이 태어났을 때 당신은 울었지만 세상은 기뻐했습니다.
그리고, 당신이 죽을 때 세상은 울겠지만
당신은 기뻐할 수 있는 그런 삶을 살아야 합니다!"*

오전 강의가 시작되기 30분 전, 소파에 앉은 나는 벽난로의 타오르는 불빛에 매료된 채 깊은 생각에 잠겨 있었다. 갑자기, 지난 30여 년간 경험하지 못했던 눈물이 두 볼을 타고 흘러내렸다.
하사관이 다가와 옆자리에 앉더니 내 무릎을 토닥이며 말했다.
"존, 괜찮소?"
고개를 끄덕였다. 내 스스로에게 놀랐던 것은 눈물을 흘리고 있으면서도 당황하거나 감추고 싶은 생각이 전혀 없었다는 것이었다. 그저 그대로 내버려둘 뿐이었다.
그리고 하사관은 여전히 내 옆자리에 앉아 침묵을 지켰다.
"지금부터 두 시간이 우리가 함께할 수 있는 마지막 시간입니다. 그리고 지금까지 논의했던 여러 가지에 대해 여러분의 못다 했던 이야기들을 나눌 수 있는 시간이기도 합니다. 그동안의 토론에 대해 어떤 생각이라도 좋습니다. 누가 이야기해볼까요?"

"할 말이 많습니다." 약간 쉰 목소리로 내가 말했다. "영향력과 관심, 사랑, 타인을 위한 모든 노력, 그리고 새로운 기술과 행동을 습득하기 위한 자기극복 과정 등 이 모든 것이 제게 어리석은 의문 한 가지를 넌졌습니다, 수시님. 이 모든 노력이 정말로 가치 있는 것일까요?"

"저 역시 오랫동안 스스로에게 그와 같은 질문을 한 적이 있습니다. 권위가 있는 리더는 여러 가지 선택과 희생을 요구받습니다. 그리고 엄청난 자기극복의 노력이 필요합니다. 하지만 이 모든 과정은 리더가 되기로 했을 때 이미 각오했던 것이지요."

코치가 뭔가 할 말이 있는 듯 몸을 움직였다. "저희 코치들은 선수들에게, 자기극복을 위해서는 헌신적 노력과 힘든 과정을 이겨내야 한다고 말합니다. 그리고 그 뒤에는 보상이 따른다는 점을 강조하지요. 예를 하나 들어보지요. 이 중에 규칙적으로 운동하는 분 있습니까?"

"전 일주일에 서너 번씩 롤러블레이드를 타요." 간호사가 대답했다.

크리스의 말이 이어졌다. "킴, 규칙적으로 밖으로 나가 롤러블레이드를 타려면 그만한 노력과 극기과정이 필요한데, 그에 따르는 보상이 있을까요?"

"그야 물론이지요!" 그녀의 정열적인 대답이 이어졌다. "우선 기분이 좋아지고, 머릿속이 맑아지며, 왠지 신성해진다는 기분도 들고 또 다이어트에 크게 신경 쓸 필요도 없지요."

"우리 코치들은 선수들의 어떠한 헌신적인 노력에 대해서도 이 원칙이 적용된다고 가르칩니다. 예컨대, 화장실 사용법을 훈련받은 아이, 규칙적으로 양치질을 하는 경우, 읽기와 쓰기를 배우고, 교육을 받고, 피아노를 배우고, 바느질을 배우는 등 어떤 경우에도 보상이 주어집니다. 그리고 이 원칙은 권위를 통해 다른 사람을 리드하고자 노력하는 경우에도 마찬가지라 생각합니다."

"맞는 말입니다, 크리스." 수사가 흡족한 얼굴로 대답했다. "실제로 보상 또는 제가 선호하는 단어로 '보답 payoffs'의 유형은 여러 가지입니다. 누가 그런 경우를 말씀해주시겠어요?"

"제가 말씀드릴까요?" 교장이 대답했다. "타인을 위한 봉사와 희생, 그 모든 노력에는 영향력이란 보답이 따르게 됩니다. 그리고 영향력을 형성하는 방법을 아는 리더는 곧 중요한 기술을 습득한 리더라고 할 수 있겠죠."

"고맙습니다, 테레사. 그 밖에 다른 경우도 있을까요?"

"삶의 사명의식을 제시하지요." 하사관이 힘 있는 목소리로 말했다.

"무슨 뜻인가요, 그렉?" 시몬 수사가 물었다.

"제가 군을 신뢰하는 한 가지 이유는 올바른 삶을 통해 삶의 사명과 목표, 그리고 비전을 얻을 수 있기 때문입니다. 그래서 아침 일찍 자리를 박차고 일어날 수 있는 것이지요. 코치가 말한 대로, 훌륭한 군인이 되기 위해서도 마찬가지겠지만 자기를 극복하는 모든 노력에는 보답이 있게 마련입니다. 그리고 자신의 책임 아래 있는 사람들에 대한 봉사를 통해 권위를 형성해야 한다는 사명의식은 그 리더가 나아가는 방향에 대한 실질적인 비전을 제공합니다. 그리고 이러한 비전을 통해 목적과 의미를 찾을 수 있는 것이죠."

"훌륭한 생각입니다, 그렉." 수사의 얼굴에 미소가 번졌다. "권위를 통해 업무를 이끌어가려 한다면, 먼저 수행해야 할 과제가 많다는 것을 알게 됩니다. 즉, 친절의 과제, 적극적인 경청의 과제, 감사와 칭찬, 인정, 기준 설정, 기대치의 명시, 직원들이 기준에 따라 책무를 다할 수 있도록 후원하는 것 등 이 모든 과제가 그렉의 말처럼 일상의 사명이라 할 수 있지요."

"이렇게 생각해보죠." 목사가 덧붙였다. "권위를 통한 리더십을 지향하는 삶이란 일종의 개인적 차원의 조직강령이라고 할 수 있겠지요. 최근의 기업들은 구성원을 대상으로 목표를 명확히 밝힐 것을 요구하는 경향이 있습니다. 우리의 행동 영역에 대해서 그리고 우리가 지향하는 것에 대해서 분명한 기준이 있다는 것은 대단히 중요하다고 생각합니다. 누군가 말했던 대로, 지향점이 없다면 매사에 쉽게 현혹되게 마련이겠지요."

수사가 말했다. "제가 기업에서 생활하며 배운 것 한 가지는, 기업 차원의 조직강령은 바람직하고 또 유용한 목표로 작용할 수도 있다는 점입니다. 하지만 직원들의 경우, 조직강령보다는 리더의 지위에 관심을 가지고 있다는 점을 간과해서는 안 됩니다. 즉, 일단 리더의 지위에 오른 후에는 그 리더의 임무가 어떤 것이든 따르게 된다는 것이죠."

교장이 나섰다. "그렉, 당신이 제시한 사명과 목표, 그리고 의미에 대해서는 저도 충분히 공감합니다. 우리 학생들은 삶의 목표와 의미를 찾기 위해 때로는 필사적으로 매달립니다. 하지만 그런 욕구가 충족되지 않았을 때 아이들은 그 공허감을 메우기 위해 폭력단에 가입하거나 마약을 가까이 하는 등 비행 청소년이 되는 경우가 많지요."

수사가 덧붙였다. "90세 이상의 노인 100명을 대상으로 조사한 사회학 보고서가 기억납니다. 조사 과정에서 노인들에게 이런 질문이 주어졌지요. '만일 당신이 새로운 삶을 살게 된다면, 과거와는 어떻게 다르게 행동하겠습니까? 그런데 응답자의 대답 중에 이 세 가지가 가장 많았지요. 모험을 많이 하겠다, 반성을 많이 하겠다, 그리고 죽은 이후에도 발자취를 남길 수 있는 삶을 살겠다 등이었습니다."

"권위를 통한 리더십 역시 모험이라고 생각합니다." 하사관의 머뭇거림 없는 대답이 이어졌다. "'권력자'인 상사가 아니라면 주위를 배회하며 기웃거리는 방관자에 지나지 않겠죠."

"이봐요, 그렉. 삶이란 항상 모험의 연속이요." 내가 반대 의견을 내세웠다. "특히 리더에게는 더더욱. 이런 말이 있소. '정상에 가까워질수록 출구에 가까워진다.' 그리고, 휴스턴 오일러스 Houston Oilers 팀의 수석 코치였던 범 필립스 Bum Phillips가 한번은 이렇게 말했지요. '코치는 두 종류가 있다. 하나는 해고된 코치요, 다른 하나는 곧 해고될 코치이다!' 현실을 똑바로 직시해야 합니다. 삶이란 어떤 식으로든 모험의 연속이라는 것을."

"저는 그중에서도 반성하겠다는 응답에 공감합니다." 간호사가 조용한 목소리로 말했다. "이번 주 초 수사님은, 우리가 보살펴야 하는 사람들에 대한 책임의식에 대해 각자 반성해야 한다고 했지요. 그 노인분들의 생각이 맞는 것 같아요. 우리도 인생의 황혼기를 맞이하여 요양원에서야 비로소 인생을 반성할 것이 아니라 지금 이 순간 우리의 책임의식을 반성해야 한다고 생각합니다."

목사가 덧붙였다. "제 경우에는 죽은 이후에도 발자취를 남길 수 있는 삶을 살겠다는 대답이 인상적입니다. 저는 노인들과 함께한 시간이 많았습니다. 그리고 그들과의 경험을 통해 보면, 다른 사람의 인생에 영향을 미치는 삶이 곧 평화롭게 노년을 맞이하고 또 죽음을 맞이할 수 있는 절대적인 요소라는 것이죠. 결국 가장 중요한 질문은 이게 아닐까요? 우리의 삶은 다른 사람의 인생에 어떤 영향을 미쳤는가? 우리가 리더로서의 역할을 수행하다 보면 타인의 인생에 지대한 영향을 미칠 수 있는 특별한 계기를 맞이할 수도 있습니다. 아니면 그저 남들처럼 케케묵은 방식 그대로 '이렇게 해, 안 그러면!' 식으로 행동할 수도 있습니다. 하지만, 이렇게 대세에 편승하는 사람들이 군중을 이끌 수는 없겠지요."

교장이 말했다. "타인의 인생에 영향을 미친다는 것은 커다란 의미를 가집니다. 한 인디언 부족의 속담 중에 이런 것이 있어요. '네가 태어났을 때 너는 울었지만 세상은 기뻐했다. 그리고, 네가 죽을 때 세상은 울겠지만 너는 기뻐할 수 있는 그런 삶을 살아야 한다!'"

"참 좋은 말이네요, 테레사." 간호사가 말했다. "그런데 수사님, 제 생각에는 영적인 삶도 그 보답의 하나가 아닐까 생각합니다. 다시 말해서, 우리가 권위를 통한 리더십을 발휘하고 또 타인을 위해 노력한다는 것은 곧 황금률에 따른 생활을 의미한다고 해야겠지요. 그래서 우리의 삶은 더욱 하느님과 권능에 가까워질 것입니다. 수년 전 제가 비교종교학 강의를 수강하면서 읽었던 휴스턴 스미스 Huston Smith의 고전 『인간의 종교 The Religions of Man』의 한 구절이 생각납니다. 작품 후기에서 그는 세계적인 종교들의 연관성을 언급하다가 결국 하나의 결론을 내립니다. 즉, 모든 종교에는 공통적인 요소가 있다는 것이었지요. 다시 말해서, 각각의 종교들이 공통적으로 황금률에 따른 행동규범을 주장하고 있다는 것입니다."

"훌륭한 지적이에요, 킴." 코치가 감탄한 듯했다. "저는 종교적 믿음과 저의 일을 어떻게 조화시킬 것인가를 두고 늘 고민합니다. 그런데 여기서 그 실마리를 찾은 것 같아요. 빈스 롬바르디가 말한 대로, 우리가 선수들이나 동료들에게 호감을 가져야 할 이유는 없습니다. 그러나 리더라면 마땅히 그들에게 사랑을 표현하고 우리가 대접받고자 하는 방식으로 그들을 대접해야 합니다. 그렇다면, 우리가 대접받고자 하는 방식은 어떤 것일까요? 리더가 우리를 위해 인내하고, 관심과 감사, 격려, 인정, 존중을 표현하며, 나의 욕구를 충족시키고, 내 실수를 용서하며, 내가 맡은 일을 다할 수 있도록 후원하고, 헌신적으로 나를 위해 봉사해 주길 바라지 않습니까? 그렇지요. 분명 우리가 바라는 리더는 그런 사람일 것입니다. 그렇다면 황금률은 제가 리드하는 사람들에게 어떻게 행동해야 하는지를 명백히 보여주고 있습니다. 즉, 내가 대접받길 원하는 대로 상대방을 내집하라!"

수사가 엄숙한 목소리로 말했다. "만일 실제로 하느님의 존재를 인정한다면, 물론 우리 모두 그러리라 생각하지만, 천국의 규칙이란 곧 서로 사랑하는 것 아닐까요? 다시 말씀드리지만, 감정이 아니라 행동에 의한 사랑 말입니다. 다섯 명의 아이를 둔 아버지인 저와 자식이 있다고 가정한 하느님의 입장을 비교해봅시다. 아버지로서 저는 아이들이 항상 사이좋게 지낼 수만은 없으리란 사실을 알고 있습니다. 또한 아이들에게는 갈등도 있을 것이며, 서로가 앙숙처럼 지낼 수도 있으리란 사실을 알고 있습니다. 하지만 그와 동시에, 아이들이 서로를 존중하고, 서로를 소중한 존재로 여기며, 자신이 대접받고자 하는 대로 상대방을 대접하리란 기대도 할 수 있습니다. 그것이 저의 집안의 규칙이니까요. 그렇다면 하느님도 저와 유사한 시각으로 자식들을 바라보지 않을까요?"

봉사의 가장 중요한 보답은 '기쁨' 이다

"여러분 중에서 정말로 행복을 소유할 수 있는 사람은 바로 봉사하는 방법을 발견한 사람입니다."

오전 휴식시간 내내 하사관조차도 이 설교에 토를 달지는 않았다.

"이제 우리가 함께할 수 있는 마지막 한 시간입니다." 수사가 마지막 수업을 시작했다. "지난 시간에는 권위에 의한 리더십이 유발하는 여러 보상에 대해 논의하였습니다. 그런데 우리는 매우 중요한 보답 한 가지를 빠뜨렸습니다. 그것은 바로 기쁨입니다."

"기쁨이라고요, 수사님?" 하사관은 이제 정중한 태도로 물었다. "행복과 리더십이 무슨 관계가 있는 것인가요?"

"기쁨이라고 했습니다, 그렉. 저는 행복이라고 말하지 않았습니다. 왜냐하면 행복이란 특정한 사건에 연유하기 때문입니다. 즉, 좋은 일이 생긴다면 행복할 것이고 나쁜 일이 생긴다면 불행해지겠지요. 하지만 기쁨은 외부 상황에 구애받지 않는 좀 더 심오한 현상이라고 봐야 합니다. 권위를 가진 위대한 리더, 예컨대 석가모니, 예수 그리스도, 간디, 마틴 루서 킹, 테레사 수녀 같은 분도 이 기쁨에 대해 언급한 적이 있습니다. 기쁨이란 내적인 만족에 의한 것이며, 흔들리지 않는 확고한 삶의 위치에서 비롯되는 것입니다. 삶의 기쁨을 훼손하는 지이의 자기도취의 족쇄로부터 스스로를 해방시키는 방법은 타인에 대한 봉사입니다."

내가 말했다. "제 아내의 환자 중에는 자기도취에 빠져 감정적인 성장이 정지된 환자들이 많다고 하더군요. 그리고 제게 이런 말을 해 주었습니다. 신생아나 유아는 근본적으로 이기적인 존재이며, 실제로 '욕구와 기대' 뿐인 존재라 할 수 있습니다. 유아의 개인적 욕구와 기대는 다른 무엇보다 우선적이고 필수적이며 절실한 것입니다. 유아의 생존은 그만큼 위태로운 것이 사실이니까요. 두 살짜리 아이들은 온 세상을 호령하는 폭군과도 같습니다. 그런데 불행히도 많은 사람들이 그 '자기중심적' 단계를 벗어나지 못하고, 겉으로는 어른의 옷을 입고 있지만 세상이 자신들의 욕구와 기대를 충족시켜 주길 바라는 두 살짜리 감정을 가진 채 인생을 살아갑니다. 성장에 실패한 사람들은 더욱 이기적이며 자기도취의 삶을 살게 됩니다. 심지어는 자기중심적인 삶을 유지하기 위해 장벽을 만들기도 하지요. 아내는 이러한 장벽 뒤에 존재하는 사람들이야말로 정말로 외롭고 불행한 사람들이라고 하더군요."

목사가 덧붙였다. "가끔씩 저는 젊은이들을 대상으로, 결혼제도의 장점은 배우자라고 부르는 타인의 욕구에 관심을 가짐으로써 자기중심적 태도에서 벗어날 수 있는 기회를 제공한다는 것이라고 말합니다. 그리고 아이를 가지게 되면 또한 아이를 위해 헌신해야 하므로 이기주의를 극복할 수 있는 기회가 된다고 하지요. 독신생활을 하면서 그리고 점점 나이를 먹으면서도 자기중심적인 태도를 지양할 수 있다면 그것도 성공적인 삶이라고 할 수 있겠지요. 어쨌든 자기중심적인 사람은 누구보다 고독하고 기쁨을 모르는 존재입니다."

간호사가 다시 말했다. "우리의 자아나 자만, 이기주의도 장애가 되곤 합니다. 앞서 언급한 『인간의 종교』에서 스미스는 이렇게 말했습니다. 즉, 모든 종교가 하나같이 주장하는 것은 유사 이래 인류의 가장 큰 문제가 바로 자기중심적인 본성, 자만심 그리고 이기주의라고 말이죠. 어떤 종교에서는 이를 죄악으로 표현하기도 합니다. 그리고 스미스는, 세상의 모든 종교가 인간의 이기적 본성을 극복하는 방법을 가르치고 있다며 결론을 맺었습니다."

목사가 제의했다. "제가 가진 신앙에서는 인간이란 '원죄'라는 저주를 안고 탄생했다고 가르칩니다. 인간의 이기적인 본성도 원죄로 설명이 가능하리라 생각합니다. 어제 우리는 인간의 본성이 과연 무엇인지에 대해 논의했었지요. 그리고 어젯밤 저는 그 문제에 대해 곰곰이 생각한 끝에 가장 기본적인 저의 본성은 최고가 되고자 하는 것이란 결론을 내렸습니다. 타인을 위해 노력하는 것은 자연스러운 것이 아니었죠! 킴이 말한 대로, 타인을 위해 노력하라는 것은 부자연스러운 것을 이행하도록 하는 가르침이라 해야겠지요."

이번에는 교장이 말했다. "제가 좋아하는 루이스 C. S. Lewis라는 작가는, 자신이 이기적이라는 사실을 인정하지 않는 사람은 대단히 이기적인 사람일 수밖에 없다고 했습니다. 그리고 자신의 관점을 강조하기 위해, 사람들로 하여금 여러 장의 가족사진을 앞에 두고 이렇게 스스로 질문하도록 하지요. '내가 사진에 얼마나 잘 나왔는가 하는 것이 사진의 가치를 판단하는 기준이 될 수 있는가?'"

"감사합니다, 아주 적절한 인용이군요." 수사가 고개를 끄덕이며 미소를 지었다. "타인을 사랑하고, 타인을 위해 노력하며, 권위에 의한 리더십을 위해서는 자신의 이기적인 벽을 깨뜨리고 타인을 지향해야 합니다. 우리 자신의 욕구와 기대를 접어두고 타인을 위해 노력할 때 비로소 우리는 성장하는 것입니다. 그리고 자기도취에서 탈피하고 '이타주의'를 실현할 수 있는 것이지요. 기쁨이란 바로 이런 노력의 산물입니다."

교장이 다시 인용하였다. "정신분석학자인 칼 메닝거 Karl Menninger 박사가 한 번은, 신경쇠약에 걸린 사람에게 어떤 조언을 해줄 수 있느냐는 질문을 받은 적이 있습니다. 그의 대답이 재미있어요. 그는 집을 벗어나 산 넘고 물 건너 도움을 필요로 하는 사람을 찾아가 그를 도우라고 했습니다."

"분명한 것은," 하사관이 말했다. "누군가를 위해 선행을 하면 당연히 흐뭇한 감정이 생기게 됩니다. 솔직히 말씀드리지만, 제가 연말에 자선 기관에 수표를 보내는 것도 따지고 보면 그 이후에 가지게 될 흡족한 감정이 가장 큰 동기일 겁니다."

"솔직한 말씀 고맙습니다." 수사가 끼어들었다. "저도 평소 존경하는 알버트 슈바이처 박사의 말을 인용할까 합니다. 박사가 말하기를, '저는 여러분의 운명이 어떤 것인지 잘 모릅니다. 하지만 한 가지는 정확히 알고 있습니다. 여러분 중에서 정말로 행복을 소유할 수 있는 사람은 바로 봉사하는 방법을 발견한 사람입니다.' 아마 봉사와 희생은 삶의 특권을 누리는 데 대한 비용이 아닐까 합니다."

목사가 말했다. "요한복음에서 예수님이 사도들에게 말씀하시기를, 계율에 순종할 때 비로소 큰 기쁨을 함께할 수 있을 것이라고 하셨습니다. 그리고 이렇게 끝을 맺었지요. '명하노니, 내가 너희를 사랑하는 것처럼 너희도 서로 사랑하라!' 예수께서는 기쁨이 곧 타인을 위한 사랑의 실행과 노력에서 비롯된다는 것을 가르친 거죠."

"목사님의 설교가 더 진행되기 전에 부디 핵심으로 돌아가죠!" 하사관이 또 목사를 놀렸다. 하지만 그렉의 얼굴은 미소를 담고 있었다.

수사가 대답했다. "핵심은, 그렉, 권위에 의한 리더십, 즉 사람들의 욕구를 충족시키는 봉사 행동에 큰 기쁨이 있다는 것입니다. 그리고 이 기쁨이 바로, 우리가 지구라고 부르는 이 영적인 신병훈련소에서의 우리의 긴 여정을 떠받쳐 주는 원천입니다. 저는 여기 모인 우리의 목표가 행복과 개인적인 만족이 아님을 확신합니다. 인간으로서 우리의 목표는 정신적으로 그리고 영적으로 성숙하는 것입니다. 그리고 이것이 하느님을 기쁘게 하는 일이기도 합니다. 타인을 위한 사랑과 봉사, 그리고 우리의 모든 노력은 우리 안의 이기심을 지워버립니다. 타인을 사랑하는 행동은 유아기의 감정에서 우리를 딜피하게 합니다. 타인을 사랑하는 행동은 우리 모두를 성장하게 하는 것입니다."

"그리고 그 사랑은 선택에서 출발하지요." 하사관이 모두에게 상기시켰다. "의도에서 행동을 제외하면 결과는 회피입니다. 그리고 우리 모두는 여기서 배운 대로 행동해야 합니다. 우리가 변하지 않는다면, 정말 아무것도 변하는 것이 없을 테니까요?"

"그보다 더 좋은 생각이 있어요, 그렉." 교장이 그를 놀렸다. "과대망상의 정의를 내린다면, 아마 당신이 보여주었던 그런 행동을 좇아 하면서도 훌륭한 결과를 기대하는 것이겠죠!"

모두가 폭소를 터뜨렸다.

"이제 우리의 시간이 모두 끝났습니다." 수사가 갑자기 진지한 태도로 말했다. "저는 이 일주일 동안 많은 것을 배웠습니다. 그리고 여러분 각자가 가져다주신 특별한 선물과 식견에 깊은 감사를 드립니다."

"저도 포함되나요?" 하사관이 믿을 수 없다는 듯 물었다.

"특히 당신에게 감사를 드려야겠군요, 그렉." 시몬 수사는 역시 진지하게 대답했다. "이 시간을 마무리하는 시점에서 제가 간곡히 바라는 것은, 우리가 함께 보낸 이 시간의 결과가 여러분의 인생 여정에 조금이나마 지침이 되었으면 하는 것입니다. 비록 당장의 짧은 여정에서 큰 변화를 바라기는 어렵지만, 기나긴 인생 여정을 통해 볼 때 아마 여러분의 위치는 사뭇 달라질 것입니다. 앞으로 여러분의 여정에 행운과 하느님이 함께 하시길 바랍니다."

"긴 여정에서 이제 한 걸음 내디뎠을 뿐이야."

우리들 여섯 명의 피정 참여자들은 마지막으로 점심을 함께한 후 작별인사를 나누었다. 모두들 눈물을 글썽거렸다. 서로 앙숙처럼 으르렁거렸던 목사와 하사관도 힘차게 포옹하며 소리내어 웃었다.

하사관이 6개월 후 다시 모이면 어떻겠냐고 제안하자 너도나도 앞다투어 그러자고 했다. 그렉은 모임의 날짜와 장소를 자신이 책임지고 연락하겠노라고 자청하고 나섰다. 그렉! 이번 피정의 가장 큰 골칫거리였던 그 친구는 이제 누구보다 마지막을 아쉬워하고 있었다.

그리고 하사관과 같은 부류의 인간에게 호감을 갖는 사람들에 대해 가졌던 내 혐오감이 다름 아닌 나 자신에 대한 혐오감이었다는 사실도 어렴풋이 깨닫기 시작했다. 그렉은 자기 자신에 대해 나보다 조금 더 솔직했을 뿐이다. 이번 주 내가 얻은 결론 중의 하나는 사람들과 관계에서 조금만 더 허울을 버리고 조금만 더 솔직해지자는 것이었다. '겸손', 수사는 그것을 겸손이라고 했다.

"시몬 수사님도 모임에 초대해야지요." 간호사가 제안했다. "잊으면 안 돼요, 그렉, 알았죠?"

"당연하죠," 하사관이 약속했다. "근데 누구 시몬 수사님 보신 분 있어요? 인사를 드리고 가고 싶은데."

마당을 둘러보며 수사를 찾았지만 그의 모습은 어디에도 보이지 않았다.

가방을 메고 방을 나선 나는 모래밭 주차장 옆 벤치에 걸터앉았다. 곧 레이첼이 나타날 것이라는 생각이 나를 더욱 초조하게 만들었다. 아직 시몬 수사에게 인사를 드리지 못했는데!

가방을 내버려둔 채 미시간 호를 향해 난 계단을 따라 내려갔다. 먼 곳으로부터 사람의 형체가 눈에 들어왔고, 나는 고함을 지르며 그곳으로 달려가기 시작했다. '시몬 수사님! 수사님!' 수사가 걸음을 멈추고 달려오던 나를 돌아보았다.

우리는 선 채로 포옹을 하며 작별인사를 나누었다.

"지난 일주일에 대해 뭐라고 감사를 드려야 할지 모르겠습니다." 어색한 표정에 더듬거리며 말했다. "정말 소중한 것들을 많이 얻었습니다. 그리고 이제 돌아가면 그동안 배운 것들을 적용해볼 생각입니다."

수사가 내 눈을 응시하더니 입을 열었다. "먼 옛날 사이러스라는 사람이 말하기를, '실행'하지 않는다면 아무리 많은 것을 '배운'다 하더라도 소용이 없다고 했습니다. 당신은 잘할 것입니다. 저는 믿어요."

그의 눈빛도 나의 건투를 바라고 있었고 내게는 새로운 희망이 솟았다.

"근데 어디서부터 시작해야 하나요, 수사님?"

"선택에서 출발해야지요."

수사와 헤어진 후 243개의 계단을 천천히 올라 벤치로 다가갔다. 한 대의 차량이 막 빠져나간 수도원의 정경은 말 그대로 황량하고 적막했다. 그리고 호수로부터 불어오는 훈훈한 바람 속에서 마른 나뭇잎들의 사각거리는 소리가 들려왔다. 나는 생각에 젖어들었다.

나를 데리러 달려오는 자동차 소리가 멀리서 들려오기까지 얼마나 시간이 흘렀는지 모른다. 멀리서 흰색 머큐리 마운테이너가 먼지를 일으키며 두 줄의 바퀴자국이 난 오솔길을 올라 주차장으로 들어섰다.

마지막으로 미시간 호를 바라보며 돌아서자 눈물이 솟기 시작했다. 그리고 목에서는 조용한 흐느낌이 흘러나왔다.

자동차 문이 닫히는 소리를 듣고 돌아선 나는 레이첼이 웃으며 달려오는 모습을 지켜보았다. 그때처럼 그녀가 아름답게 보인 적은 없었던 것 같았다.

그녀가 내 품에 안겨왔고 나는 그녀가 포옹을 풀 때까지 그녀를

놓지 않았다.

"놀라워요!" 그녀가 나를 놀렸다. "당신이 이렇게 오랫동안 안아준 것이 언제였는지 기억도 안 나요. 너무 좋아요!"

"긴 여정에서 이제 한 걸음 내디뎠을 뿐이야." 내 목소리는 자신에 차 있었다.

감사의 말

많은 이들의 도움이 없었더라면 이 책의 출간은 불가능했을 것이다. 그들 모두에게 심심한 감사를 드린다.

먼저 상사가 되는 것과 신사가 되는 것이 결코 배타적인 길이 아니라는 사실을 일깨워준 나의 첫 조언자 필 호프만,

수년간 소중한 교훈을 전해준 동료 및 고객, 특히 케빈 앨더, 에드 대너, 러스 에베이드, 그렉 굿맨, 마이크 힙셔, 마이크 팬서, 조지 트렉로운, 진정한 삶의 의미를 심어준 작가 토니 캄폴로와 스콧 펙, 편집과정에서 도움을 준 데브라 벤즈크와 스티브 마틴, 본서에 수록된 테마의 중요성을 인정해준 파울라 무니어 리, 인디애나 주 세인트 메인라드에 위치한 메인라드 수도원의 수사이자 도서관장이면서 내 인생에 수도자의 삶을 일깨워준 시몬 수사,

편집을 도와주고 적극적으로 후원해준 에릭 베이컨, 부모님이신 필리스와 잭 헌터, 카렌과 마크 졸리 부부, 렘과 미키 크리거 부부, 엘리자베스 모린, 카렌과 빌 라즈키 부부, 콜린과 크레이그 램

퀴스트 부부, 존 릴레이, 패티와 스콧 시몬 부부, 특히 소중한 아이디어와 격려를 아끼지 않은 테레사와 존 벨라 부부,

　말로써 형언할 수 없을 만큼 소중한 두 살배기 딸 레이첼,

　마지막으로 영적인 성장의 길을 함께하며 (특히 내가 힘들 때) 사랑과 헌신으로 나를 보살펴준 나의 동반자 데니스에게 감사드린다. 사랑하오, 당신.

독자를 먼저 생각하는 정직한 출판

시대의창이 **'좋은 원고'**와 **'참신한 기획'**을 찾습니다

쓰는 사람도 무엇을 쓰는지 모르고 쓰는,
그런 '차원 높은(?)' 원고 말고
여기저기서 한 줌씩 뜯어다가 오려 붙인,
그런 '누더기' 말고

마음의 창을 열고 읽으면
낡은 생각이 오래 묵은 껍질을 벗고 새롭게 열리는,
너와 나, 마침내 우리를 더불어 기쁘게 하는

땀으로 촉촉히 젖은 그런 정직한 원고,
그리고 그런 기획을 찾습니다.

시대의창은 모든 '정직한' 것들을 받들어 모십니다.

시대의창 WINDOW OF TIMES

분야 / 역사 / 문화 / 정치 / 사회

서울시 마포구 연희로 19-1 4층 (우)121-816
Tel : 335-6125 Fax : 325-5607